OEUVRES DE MOLIERE

ILLUSTRATIONS
PAR
JACQUES LEMAN

SGANARELLE
OU LE COCU IMAGINAIRE

PARIS
CHEZ J. LEMONNYER, LIBRAIRE-ÉDITEUR
53 BIS QUAI DES GRANDS AUGUSTINS
M.DCCC.LXXXII

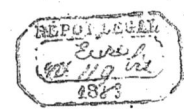

OEUVRES

DE

J.-B. P. DE MOLIERE

IV

SGANARELLE

JUSTIFICATION DU TIRAGE

Il a été fait pour les Amateurs un tirage spécial sur papiers de luxe, à 1,000 exemplaires, numérotés à la presse.

		NUMÉROS
125 exemplaires sur papier du Japon.		1 à 125
75 — sur papier de Chine.		126 à 200
200 — sur papier Vélin à la cuve.		201 à 400
600 — sur papier Vergé de Hollande.		401 à 1000

OEUVRES DE MOLIERE

ILLUSTRATIONS
PAR
JACQUES LEMAN

NOTICES
PAR
ANATOLE DE MONTAIGLON

PARIS
CHEZ J. LEMONNYER, LIBRAIRE-EDITEUR
53 BIS QUAI DES GRANDS AUGUSTINS
M.DCCC.LXXXII

NOTICE DE SGANARELLE

EST-CE au talent de Molière dans le rôle de Sganarelle que *le Cocu imaginaire* a dû sa réussite, ou bien à la façon dont il revenait à la forme du vers, ou encore à ce qu'il n'attaquait rien de trop contemporain, en sorte que ceux qui venaient d'être blessés, et qui saignaient encore, purent voir avec plaisir une Farce uniquement bouffonne prendre la place de leur satire et en interrompre le bruit? Six mois après *les Précieuses*, il semblait pourtant bien difficile qu'un aussi grand succès se pût renouveler, et c'est cependant ce qui arriva. On le sait par le nombre et par les grosses recettes des représentations, notées dans le Registre de La Grange, auquel s'ajoute un précieux témoignage contemporain.

Dans la Préface de François Doneau à ses étranges *Amours d'Alcippe et de Céphise, ou la Cocue imaginaire*, où il retourne *Sganarelle* comme un vieil habit, et l'envers ne vaut pas l'endroit, il y a, sur l'approbation de la Pièce de Molière, non seulement par la Cour, mais encore par le Peuple, « qui dans Paris sait parfaitement juger de ces sortes d'ouvrages », un passage bien considérable, qu'on a beaucoup cité et qu'on citera encore. A ceux qui diraient que c'est « le temps » qui a fait réussir *Sganarelle* comme *les Précieuses*, Doneau répond :

« Cependant cette Pièce a été jouée, non seulement en plein esté (le 28 Mai 1660), où pour l'ordinaire chacun quitte Paris pour se divertir à la Campagne, mais encore dans le temps du mariage du Roy (le 3 Juin, à Fontarabie), où la curiosité avoit attiré tout ce qu'il y a de gens de

Qualité en cette ville. Elle n'en a pas toutefois moins réussi, et, quoique Paris fust, ce semble, désert, il s'y est néantmoins trouvé assez de personnes de Condition pour remplir plus de quarante fois les loges et le théâtre du Petit-Bourbon, et assez de Bourgeois pour remplir autant de fois le parterre. Jugez quelle réussite cette Pièce auroit eue si elle avoit esté jouée dans un temps plus favorable et si la Cour avoit esté à Paris. Elle auroit esté sans doute plus admirée que *les Prétieuses*, puisqu'encore que le temps luy fust contraire, l'on doute si elle n'a pas eu autant de succèz. Jamais on ne vit de sujet mieux conduit, jamais rien de si bien fondé que la jalousie de Sganarelle, et jamais rien de si spirituel que ses vers ».

On comprend que le grand monologue de Sganarelle ait été appelé « la belle scène » ; mais on s'étonne un peu que le vers :

O trop heureux d'avoir une si belle Femme,

ait été si admiré qu'on en ait pu dire : « Jamais Pièce entière n'a fait tant d'éclat que ce vers seul », c'est-à-dire n'a excité de plus bruyants applaudissements. Quelques moyens, comme le double évanouissement des deux amoureux et le mariage à la cantonade, qui fait le dénouement, ont été plus tard justement critiqués, ainsi que l'action, assez faiblement construite pour qu'on l'ait quelquefois coupée en trois petits actes, parceque le théâtre reste vide après la sixième et la dix-septième Scènes. C'est du reste à tort ; il n'y a pas d'arrêt dans l'action, en réalité aussi simple et aussi sobre que le motif unique des vieux Fabliaux et ensuite des Farces, qui les ont remplacés et les ont fait monter sur le Théâtre. La gaîté, l'esprit, la fantaisie, la surprise des détails ont couvert les négligences. On ne les reconnaît qu'en comparant Molière à lui-même ; les gens de son temps, surtout à ses débuts, le comparaient à ses contemporains et ne se lassaient pas d'admirer le Comédien, que notre imagination aime à faire revivre dans son flamboyant costume, « tout de satin rouge cramoisi », depuis le haut-de-chausses, le pourpoint et le petit manteau, jusqu'au collet et aux souliers.

Les *Arguments de chaque Scène* ont insisté plus d'une fois sur la merveille du jeu de Molière dans Sganarelle : « L'on n'a jamais veu tenir de discours si naïfs, ni paroître avec un visage si niais, et l'on ne doit pas moins admirer l'Auteur pour avoir fait cette Pièce que pour la manière dont il l'a représentée. Jamais personne ne sut si bien démonter son visage, et l'on peut dire que, dans cette Pièce, il en change plus de vingt fois ». Molière exprime un sentiment presque analogue quand, dans la Préface des *Précieuses,* il s'excuse de les imprimer parce que, « leurs grâces dépendant de l'action et du ton de voix, il lui importoit de ne pas les dépouiller de ces ornements et qu'il tenoit leur succès dans la représentation assez beau pour en demeurer là et ne pas les faire voir autrement qu'à la chandelle, sans les faire sauter du Théâtre du Petit-Bourbon dans la Galerie du Palais ». Il devait d'ailleurs se sentir et même se croire capable d'œuvres plus sérieuses et plus importantes que *Sganarelle.* Pour lui, en se servant du mot par lequel André Chénier désignait pour lui-même certaines de ses petites pièces, ce ne devait être qu'un *quadro,* qu'un tableautin ; mais, dans sa rapidité et sa fantaisie, il était et il reste bien amusant.

Selon Riccoboni et Cailhava, *Sganarelle* serait imité d'un des actes d'une Comédie Italienne *Il ritratto* (le portrait) ou *Arlechino cornuto per opinione,* qui n'a pas été imprimée. On sait qu'on la jouait à Paris en 1716, et c'est de ce temps qu'elle doit être. D'abord elle est beaucoup plus longue et plus compliquée que *Sganarelle,* alors qu'en empruntant, les Conteurs et les arrangeurs dramatiques brodent, allongent et compliquent plus qu'ils ne retranchent et ne resserrent. De plus, au xviie siècle, le grand succès du type d'Arlequin ne vient qu'après celui de Scaramouche. L'Arlequin le plus célèbre pour nous, c'est le second Dominique Biancolelli, né en 1680 et mort en 1734 ; il avait été précédé par son père qui mourut en 1688, mais celui-ci, qui commença par n'être que le second de Trivelin, n'est venu à Paris, à l'âge de vingt et un ans, qu'en 1661, sur la demande de Louis XIV au Duc de Parme. Il y a donc plus que des chances pour que le *Ritratto* soit postérieur et se soit inspiré de *Sganarelle,* joué dès 1660.

Celui-ci a d'ailleurs conservé la gaîté vivante de ses premiers jours et ce pétillement de rire qui est si particulier à Molière. Ici il est si franc et si communicatif qu'il peut se passer du théâtre et garde à la lecture tout l'éclat de ses sonorités.

Il est plus utile de remarquer dans *Sganarelle* deux choses, l'une que Molière y fait intervenir pour la première fois, mais seulement du côté comique et plaisant, la jalousie. Il y est si souvent revenu, il l'a trop creusée et retournée pour qu'elle n'ait pas été dans sa nature, si bien que, pour la peindre, il n'a pas eu à l'étudier chez les autres, mais à s'abandonner en quelque sorte à lui-même, à ouvrir involontairement son propre cœur et à le laisser parler.

L'autre point à signaler c'est que *Sganarelle* est aussi la première de ses Pièces dans laquelle, à côté des Valets, spirituellement coquins, et après la Marinette du *Dépit*, qui n'est qu'un Valet en jupons, Molière ait commencé à donner une véritable importance au type tout différent de la Servante. La jolie Scène, où la Suivante de Célie trouve, avec ses interrogations, le moyen de tout débrouiller, est le germe de la Scène où Dorine, en éclaircissant les confusions et les méprises, réconciliera Marianne et Valère. Ce n'est pas que Molière essayât d'abord ce qu'il se serait proposé de développer plus tard; ce qu'il avait trouvé une première fois lui revenant à l'esprit, il le reprenait à nouveau et toujours avec plus de développement et de force. Les deux Scènes sont construites sur la même donnée; la première est charmante, la seconde est supérieure. En tout cas, la Suivante, qui n'a pas encore de nom ici, deviendra plus tard, avec un autre bon sens et une autre honnêteté que les Valets, la Lisette de *l'Amour Médecin*, la Nicole du *Bourgeois Gentilhomme*, la Dorine du *Tartuffe*, la Martine des *Femmes savantes*, la Toinette du *Malade imaginaire*.

En même temps il serait difficile de ne pas s'étonner des conditions toutes particulières de l'impression de Sganarelle, qui mènent à rappeler celles des autres premières Comédies de Molière.

Dans la dédicace de *l'Ecole des Maris*, sa cinquième Pièce, il fait remarquer que c'est la première qu'il mette de lui même au jour, et il n'y a pas d'écart sensible entre la date du Privilège, donné le 9 Juillet 1661, et l'achevé d'imprimer qui est du 20 Août. Il avait pourtant donné lui même les *Précieuses* dès le commencement de l'année précédente, puisque leur Privilège est du 19 Janvier et l'achevé d'imprimer du 29 Janvier 1660; mais on se rappelle du passage de leur Préface où il se plaint de la nécessité où il est d'être imprimé malgré lui, et il ne s'est guère pressé de mettre au jour ses deux premières Pièces. L'*Etourdi*, joué à Lyon en 1653, et le *Dépit amoureux*, joué à Béziers en 1656, avaient tous deux été joués à Paris en 1658; leurs Privilèges n'ont été demandés que le 31 Mai 1660, et Molière a été deux ans sans l'employer, puisque l'achevé d'imprimer de *l'Etourdi* est du 21 Novembre 1662 et celui du *Dépit* du 22.

C'est qu'un auteur n'était plus maître de sa Pièce dès qu'elle était imprimée. On la pouvait lire au lieu d'aller la voir, et les autres Troupes se trouvant à même, en achetant des exemplaires, de pouvoir dès lors la prendre et la jouer, pouvaient faire à l'auteur, en le jouant bien ou en le jouant mal, une concurrence, nuisible dans les deux cas. On trouve, dans la Correspondance de Colbert, une défense du Roi aux Comédiens de campagne de jouer avant l'impression le *Malade imaginaire*, la dernière Pièce de Molière. La question est même encore actuelle, au moins pour l'étranger; cette année même on a vu, dans les négociations avec les Théâtres de Saint-Pétersbourg, que ceux-ci ont demandé et obtenu, en payant les droits ordinaires, la faveur de pouvoir jouer avant leur publication les Pièces nouvelles d'auteurs Français. On voit bien dès lors pourquoi Molière a commencé par ne pas se hâter d'imprimer, et comment l'ordre de publication de ses premières Pièces n'a pas été celui de leur apparition.

Quant à *Sganarelle*, son histoire est tout à fait extraordinaire.

Un auditeur prétend avoir une si bonne mémoire qu'il retient le texte entier, et il le sait d'une façon si exacte que Molière n'a ensuite jamais rien changé à cette copie subreptice. De plus le contrefacteur, qui prend les devants et se substitue à l'auteur, encadre l'œuvre de celui-ci dans une lettre à un ami, qui se compose d'une suite d'Arguments et de commentaires, d'ailleurs très élogieux. Madame de Villedieu n'avait fait qu'un *récit* de la Farce des Précieuses; le sieur de Neuf-Villenaine va plus loin; à l'analyse il ajoute le texte complet, obtient en son nom un Privilège le 12 Aout 1660, achève d'imprimer le 26, et se sert, comme Libraire, de Jean Ribou.

Comme l'énigmatique M. de Neuf-Villenaine, Ribou agissait là en pirate, mais sa pillerie a pourtant fini par lui tourner à bien, car son nom se trouve sur les éditions, vraiment originales, de sept autres Pièces de Molière, qui lui a même prêté de l'argent. De plus il est à remarquer que Molière a été jusqu'à accepter la prose de son admirateur dans les réimpressions séparées des volumes de son Théâtre, imprimés de son vivant. Il l'a donc couvert de son approbation puisqu'il a consenti à la laisser accompagner son œuvre, et c'est pour cela qu'il convient de la maintenir.

Aussi cette acceptation de Molière a-t-elle fait supposer qu'il était de connivence; il n'en est rien cependant, et l'on a là-dessus des preuves très positives.

Le Privilège, obtenu par lui le 31 Mai 1660, trois jours seulement après la représentation, qui est du 28, comprend *l'Etourdi, le Dépit, Dom Garcie,* qu'il n'imprima jamais, et *Sganarelle;* il prenait donc ses précautions contre les contrefacteurs. Dans le Privilège postérieur de *l'Ecole des Maris,* qui est de 1661, il requiert des défenses pour celle-ci « parcequ'il seroit arrivé qu'ayant ci-devant composé quelques autres Pièces, aucunes d'icelles auroient été prises et transcrites par des particuliers à son préjudice et dommage, pour raison de quoi il y auroit eu instance jugée, à l'encontre d'un nommé Ribou, Libraire-Imprimeur, en faveur de l'Exposant ». Enfin, dans ces dernières années, M. Campardon a eu le bonheur de retrouver le Procès-verbal de saisie, où, comme les gens qui sont dans leur tort, Ribou paraît avoir essayé de le prendre de très haut.

La singulière dédicace de Neuf-Villenaine à Monsieur de *Molier,* avant d'être reproduite par les réimpressions, n'existait pas à l'origine, puisqu'elle ne se trouve que dans un seul des exemplaires de l'édition originale de 1660. C'est probablement une addition faite pour se concilier Molière et pour arranger l'affaire, mais on voit qu'il n'y avait de sa part aucune permission tacite. Par bonté d'abord et ensuite par négligence, il ne s'est pas servi des droits de l'arrêt obtenu par lui; il a accepté et laissé les choses en l'état, mais il n'a pas inspiré, il n'a pas autorisé cette singulière façon de publier les vers d'un autre en les coupant à chaque Scène par l'interruption d'un commentaire en prose.

La question de cet étrange feuilleton dramatique est jugée; Molière n'y est originairement pour rien, mais celle de l'auteur des *Arguments* reste tout à fait obscure. Le nom qu'il s'est donné n'est pas même certain puisque, dans le Privilège imprimé, il est appelé le Sieur de *Neuf-Villaine,* et, dans les Registres des Libraires, le Sieur de *La Neuf-Villaine;* ce peut même n'être qu'un nom de guerre et un véritable pseudonyme, car, Seigneurie ou localité, *Neuf-Villaine* ou *la Neuf-Villenaine* restent encore aussi inconnues l'une que l'autre dans la géographie de la France.

Il était possible de penser à Jean Doneau de Vizé. S'il n'est pas sans avoir donné plus d'un coup de patte à Molière, ils ont fini par être fort bien ensemble. La Lettre anonyme sur le Misanthrope est de Vizé; il a eu plusieurs Pièces jouées au Théâtre de Molière, et, à la mort de celui-ci, il a mis dans le *Mercure galant,* qu'il dirigeait, un long éloge, dont peu de gens, à ce moment, auraient eu le courage et dont il faut lui faire grand honneur. De plus, dans ses *Nouvelles nouvelles,* publiées en 1663, après *l'Ecole des Femmes,* M. Paul Lacroix a justement relevé ce curieux passage

« Molière fit, après les *Précieuses,* le *Cocu imaginaire,* qui est, à mon sentiment et à celui de beaucoup d'autres, la meilleure de toutes ses Pièces et la mieux écrite. Je ne vous en entretiendrai pas davantage, et je me contenterai de vous faire savoir que vous en apprendrez beaucoup plus que je ne pourrois vous en dire, si vous voulez prendre la peine de lire la prose que vous trouverez, dans l'imprimé, au dessous de chaque Scène ».

C'est, comme on voit, un éloge en règle des *Arguments,* et comme il arrive à plus d'un auteur de s'en donner à soi-même d'une façon indirecte et de se casser l'encensoir sur le nez sans se nommer. Voici comment ce pourrait être la recommandation d'un autre.

De Vizé n'était pas le seul à s'appeler Doneau ; il avait même des frères. La *Cocue imaginaire,* qui n'est pas une satire — on a lu l'éloge que son Avis au Lecteur fait de Molière, — a une dédicace signée F. D., et tous les anciens bibliographes de notre Théâtre Français attribuent formellement la pièce à François Doneau, qui peut bien être, sinon l'un des frères, au moins un parent de Doneau de Vizé. Après avoir fait les *Arguments,* il aurait rimé sa méchante Pièce pour servir, comme il dit, de *regard* à celle de Molière et tirer double mouture du succès de *Sganarelle.* L'éloge des *Nouvelles nouvelles* se comprendrait alors tout aussi bien en devenant l'éloge d'un ami et un coup d'épaule à sa renommée. La preuve évidemment n'est pas faite, et ce n'est qu'une supposition ; un autre rencontrera peut-être de quoi l'infirmer ou la confirmer.

Anatole de Montaiglon.

SGANARELLE

SGANARELLE

OU

LE COCU IMAGINAIRE

COMEDIE

AVEC LES ARGUMENTS DE CHAQUE SCENE

A PARIS

CHEZ JEAN RIBOU

SUR LE QUAI DES AUGUSTINS

A L'IMAGE DE SAINT LOUIS

M.DC.LX
AVEC PRIVILEGE DU ROY

A

Monsieur de MOLIER

Chef de la Troupe des Comédiens

de Monsieur

Frère unique du ROY

Monsieur

YANT esté voir vostre charmante Comédie du *Cocu imaginaire* la première fois qu'elle fit paroistre ses beautez au Public, elle me parut si admirable que je crus que ce n'estoit pas rendre justice à un si merveilleux Ouvrage que de ne le voir qu'une fois, ce qui m'y fit retourner cinq ou six autres, et, comme on retient assez facilement les choses qui frappent vivement l'imagination, j'eus le bonheur de la retenir entière, sans aucun dessein prémédité, et je m'en apperceus d'une manière assez extraordinaire. Un jour, m'estant trouvé

dans une assez célèbre Compagnie, où l'on s'entretenoit et de vostre esprit et du génie particulier que vous avez pour les Piéces de Théâtre, je coulay mon sentiment parmy celuy des autres et, pour enchérir par dessus ce qu'on disoit à vostre avantage, je voulus faire le récit de vostre *Cocu imaginaire*. Mais je fus bien surpris quand je vis qu'à cent Vers près je sçavois la Piéce par cœur et qu'au lieu du sujet je les avois tous récitez; cela m'y fit retourner encore une fois pour achever de retenir ce que je n'en sçavois pas. Aussi tost un Gentilhomme de la Campagne, de mes amis, extraordinairement curieux de ces sortes d'ouvrages, m'écrivit et me pria de luy mander ce que c'estoit que le *Cocu imaginaire*, parce que, disoit-il, il n'avoit point veu de Piéce dont le titre promît rien de si spirituel, si elle estoit traittée par un habile homme. Je luy envoyay aussitost la Piéce que j'avois retenue, pour luy montrer qu'il ne s'estoit point trompé, et, comme il ne l'avoit point veue représenter, je crus à propos de luy envoyer les Argumens de chaque Scéne pour luy montrer que, quoy que cette Piéce soit admirable, l'Autheur, en la représentant luy mesme, y sçavoit encore faire découvrir de nouvelles beautez. Je n'oubliay pas de luy mander expressément, et mesme de le conjurer, de n'en rien laisser sortir de ses mains. Cependant, sans sçavoir comment cela s'est fait, j'en ay veu courir huit ou dix Coppies par ceste Ville, et j'ay sçeu que quantité de gens estoient prests de la faire mettre sous la presse, ce qui m'a mis dans une colère d'autant plus grande que la pluspart de ceux qui ont décrit cet Ouvrage l'ont tellement défiguré, soit en y ajoutant, soit en y diminuant, que je ne l'ay pas trouvé reconnoissable et, comme il y alloit de vostre gloire et de la mienne, que l'on ne l'imprimast pas de la sorte, à cause des Vers que vous avez faits et de la Prose que j'y ay ajoustée, j'ay cru qu'il falloit aller au devant de ces Messieurs, qui impriment les gens malgré qu'ils en ayent, et donner une Coppie qui fût correcte; je puis parler ainsi puisque je croy que vous trouverez vostre Piéce dans les formes. J'ay pourtant combattu long temps avant que de la donner; mais enfin j'ay veu que c'estoit une nécessité que nous fussions imprimez, et je m'y suis résolu d'autant plus volontiers que j'ay veu que cela ne vous pouvoit apporter aucun dommage, non plus qu'à vostre Trouppe, puisque vostre Pièce a esté jouée près de cinquante fois. Je suis,

Monsieur,

Vostre très humble
Serviteur * *

A UN AMY

MONSIEUR

VOUS ne vous estes pas trompé dans vostre pensée lors que vous avez dit, avant qu'on le jouast, que, si Le Cocu imaginaire estoit traité par un habile homme, se devoit estre une parfaitement belle Pièce. C'est pourquoy je croy qu'il ne sera pas difficile de vous faire tomber d'accord de la beauté de cette Comédie, mesme avant que de l'avoir veue, quand je vous auray dit qu'elle part de la plume de l'ingénieux Autheur des Prétieuses ridicules. Jugez après cela si se ne doit pas estre un Ouvrage tout à fait galand et tout à fait spirituel, puisque se sont deux choses que son Autheur possède avantageusement. Elles y brillent aussi, avec tant d'éclat, que cette Pièce surpasse de beaucoup toutes celles qu'il a faites, quoy que le sujet de ses Précieuses ridicules soit tout à fait spirituel et celuy de son Dépit amoureux tout à fait galand. Mais vous en allez vous mesme estre juge dés que vous l'aurez leue, et je suis asseuré que vous y trouverez quantité de Vers qui ne se peuvent payer, que plus vous relirez plus vous connoistrez avoir esté profondément pensez. En effet le sens en est si mystérieux qu'ils ne peuvent partir que d'un homme consommé dans

les Compagnies, et j'ose mesme avancer que Sganarelle n'a aucun mouvement jaloux, ny ne pousse aucuns sentimens que l'Autheur n'ayt peut-estre ouys luy-mesme de quantité de gens au plus fort de leur jalousie, tant ils sont exprimez naturellement; si bien que l'on peut dire que, quand il veut mettre quelque chose au jour, il le lit premièrement dans le Monde, s'il est permis de parler ainsi, ce qui ne se peut faire sans avoir un discernement aussi bon que luy et aussi propre à choisir ce qui plaist. On ne doit donc pas s'estonner après cela si ses Pièces ont une extraordinaire réussite, puisque l'on n'y voit rien de forcé, que tout y est naturel, et qu'enfin les plus spirituels confessent que les passions produiroient en eux les mesmes effects qu'ils produisent en ceux qu'il introduit sur la Scène.

Je n'aurois jamais fait si je prétendois vous dire tout ce qui rend recommandable l'Autheur des Prétieuses ridicules et du Cocu imaginaire. C'est ce qui fait que je ne vous en entretiendray pas davantage, pour vous dire que, quelques beautez que cette Pièce vous fasse voir sur le papier, elle n'a pas encor tous les agrémens que le Théâtre donne à ces sortes d'Ouvrages. Je tascheray toutefois de vous en faire voir quelque chose aux endroits où il sera nécessaire pour l'intelligence des Vers et du sujet, quoiqu'il soit assez difficile de bien exprimer sur le papier ce que les Poëtes appellent Jeux de théâtre, qui sont de certains endroits où il faut que le corps et le visage jouent beaucoup et qui dépendent plus du Comédien que du Poëte, consistant presque toujours dans l'action. C'est pourquoy je vous conseille de venir à Paris pour voir représenter le Cocu imaginaire par son Autheur, et vous verrez qu'il y fait des choses qui ne vous donneront pas moins d'admiration que vous en aura donné la lecture de cette Pièce; mais je ne m'apperçois pas que je viens de vous promettre de ne vous plus entretenir de l'esprit de cet Autheur, puisque vous en découvrirez plus dans les Vers que vous allez lire que dans tous les discours que je vous pourois faire. Je sçay bien que je vous ennuie, et je m'imagine vous voir passer les yeux avec chagrin par dessus cette longue Epistre, mais prenez vous en à l'Autheur... Foin, je voudrois bien éviter ce mot d'Autheur, car je croy qu'il se rencontre presque dans chaque ligne, et j'ay desjà esté tenté plus de six fois de mettre « Monsieur de Molier » en sa place. Prenez vous en donc à Monsieur de Molier, puisque le voilà. Non, laissez-le là toutefois, et ne vous en prenez qu'à son esprit, qui m'a fait faire une Lettre plus longue que je n'aurois *voulu sans toutefois avoir parlé d'autres personnes que de luy, et sans avoir dit le quart de ce que j'avois à dire à son avantage. Mais je finis, de peur que cette Épistre n'attire quelque maudisson sur elle, et je gage que, dans l'impatience où vous estes, vous serez bien aise d'en voir la fin et le commencement de cette Pièce.*

ACTEURS

GORGIBUS, Bourgeois de Paris.
CÉLIE, sa Fille.
LÉLIE, Amant de Célie.
GROS-RENÉ, Valet de Lélie.
SGANARELLE, Bourgeois de Paris et Cocu imaginaire.
Sa FEMME.
VILLEBREQUIN, Père de Valère.
La Suivante de Célie.
Un Parent de Sganarelle.

La Scène est à Paris.

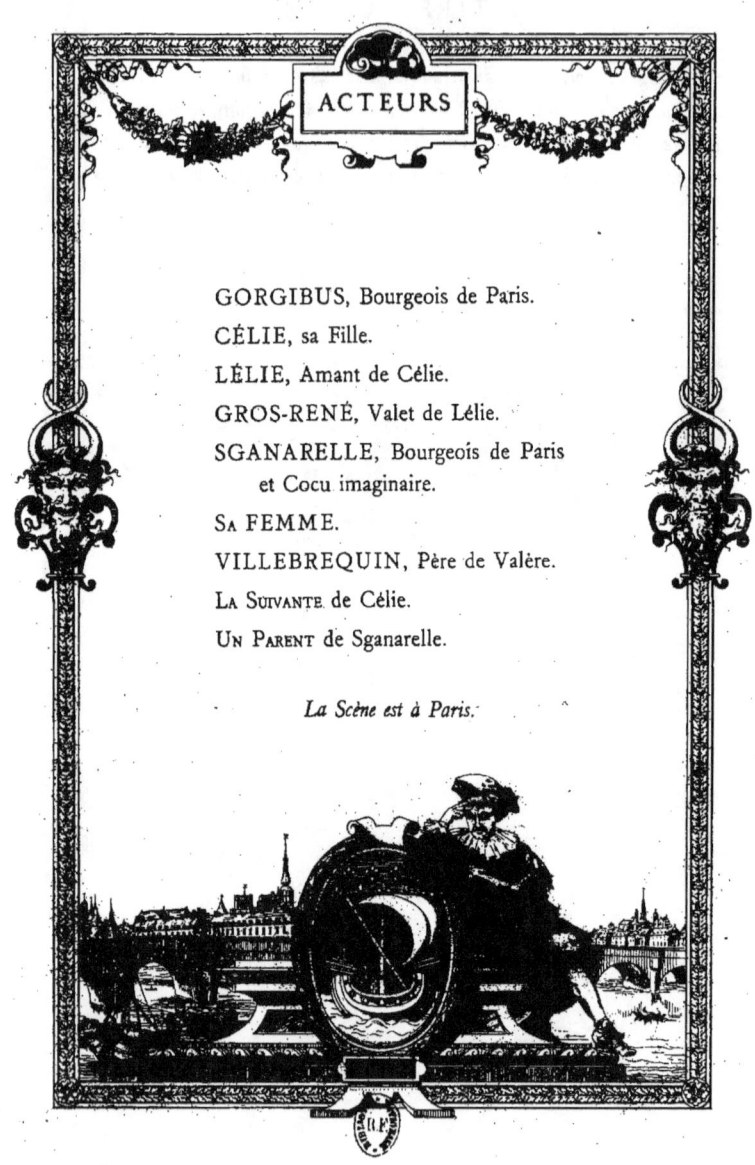

SCÈNE PREMIÈRE

GORGIBUS, CÉLIE, SA SUIVANTE

Cette première Scène, où Gorgibus entre avec sa Fille, fait voir à l'auditeur que l'avarice est la passion la plus ordinaire aux Vieillards, de mesme que l'amour est celle qui règne le plus souvent dans un jeune cœur, et principalement dans celuy d'une fille ; car l'on y voit Gorgibus, malgré le choix qu'il avoit fait de Lélie pour son Gendre, presser sa Fille d'agréer un autre Espoux, nommé Valère, sans donner d'autre raison de ce changement, sinon que le dernier est plus riche. L'on voit, d'un autre costé, que l'amour ne sort pas facilement du cœur d'une fille quand une fois il en a sçeu prendre. C'est ce qui fait un agréable combat dans cette Scène entre le Père et la Fille, le Père luy voulant persuader qu'il faut estre obéissante et luy proposant pour la devenir, au lieu de la lecture de *Clélie,* celle de quelques vieux Livres, qui marquent l'antiquité du bonhomme et qui n'ont rien qui ne parût barbare si l'on en comparoit le style à celuy de l'illustre SAPHO. Mais que tout ce que son Père luy dit la touche peu ; elle abandonneroit volontiers la lecture de toutes sortes de Livres pour s'occuper à repasser sans cesse en son esprit les belles qualitez de son Amant, et les plaisirs dont jouissent deux personnes qui se marient, quand ils s'aiment mutuellement ; mais, las, que ce cruel Père luy donne sujet d'avoir bien de plus tristes pensées. Il la presse si fort que cette fille affligée n'a plus de recours qu'aux larmes, qui sont les armes ordinaires de son sexe, qui ne sont pas toutefois assez puissantes pour vaincre l'avarice de cet insensible Père, qui la laisse toute esplorée. Voicy les vers de cette Scène, qui vous feront voir ce que je vous viens de dire mieux que je n'ay fait dans cette Prose.

CÉLIE, *sortant toute esplorée, et son Père la suivant :*

AH, n'espérez jamais que mon cœur y consente.

GORGIBUS

Que marmottez-vous-là, petite impertinente ?
Vous prétendez choquer ce que j'ay résolu ;
Je n'auray pas sur vous un pouvoir absolu,
Et, par sottes raisons, vostre jeune cervelle
Voudroit régler icy la raison paternelle ?
Qui de nous deux à l'autre a droit de faire loy ?
A vostre advis, qui mieux, ou de vous, ou de moy,
O sotte, peut juger ce qui vous est utile ?
Par la corbleu, gardez d'eschauffer trop ma bille ;
Vous pourriez éprouver, sans beaucoup de longueur,
Si mon bras sçait encor montrer quelque vigueur.
Vostre plus court sera, Madame la mutine,
D'accepter sans façons l'Époux qu'on vous destine.
J'ignore, dites-vous, *de quelle humeur il est,*
Et dois, auparavant, consulter, s'il vous plaist.
Informé du grand bien qui luy tombe en partage,
Dois-je prendre le soin d'en sçavoir davantage,
Et cet Espoux, ayant vingt mille bons Ducats,

Pour estre aimé de vous, doit-il manquer d'appas ?
Allez, tel qu'il puisse estre, avecque cette somme
Je vous suis caution qu'il est très honneste homme.

CÉLIE

Hélas !

GORGIBUS

Hé bien, *hélas !* Que veut dire cecy ?
Voyez le bel *hélas*, qu'elle nous donne icy !
Hé, que si la colère une fois me transporte,
Je vous feray chanter *hélas*, de belle sorte.
Voilà, voilà le fruit de ces empressemens
Qu'on vous voit, nuit et jour, à lire vos Romans ;
De colibets d'amour vostre teste est remplie,
Et vous parlez de Dieu bien moins que de Clélie.
Jettez-moi dans le feu tous ces méchants écrits,
Qui gastent tous les jours tant de jeunes esprits ;
Lisez-moy, comme il faut, au lieu de ces sornettes,
Les *Quatrains* de Pibrac, et les doctes *Tablettes*
Du Conseiller Mathieu, ouvrage de valeur
Et plein de beaux dictons à réciter par cœur.
La Guide des pécheurs est encore un bon livre ;
C'est là qu'en peu de temps on apprend à bien vivre,
Et, si vous n'aviez leu que ces moralitez,
Vous sçauriez un peu mieux suivre mes volontez.

CÉLIE

Quoy, vous prétendez donc, mon Père, que j'oublie
La constante amitié que je dois à Lélie ?
J'aurois tort, si sans vous je disposois de moy,
Mais vous mesme à ses vœux engageastes ma foy.

GORGIBUS

Luy fût-elle engagée encore davantage,
Un autre est survenu, dont le bien l'en dégage.
Lélie est fort bien fait; mais apprends qu'il n'est rien
Qui ne doive céder au soin d'avoir du bien,
Que l'or donne aux plus laids certain charme pour plaire
Et que, sans luy, le reste est une triste affaire.
Valère, je croy bien, n'est pas de toy chéry,
Mais, s'il ne l'est Amant, il le sera Mary;
Plus que l'on ne le croit, ce nom d'Espoux engage,
Et l'amour est souvent un fruit du Mariage.
Mais suis-je pas bien fat de vouloir raisonner
Où, de droit absolu, j'ay pouvoir d'ordonner ?
Trêve donc, je vous prie, à vos impertinences;
Que je n'entende plus vos sottes doléances.
Ce Gendre doit venir vous visiter ce soir;
Manquez un peu, manquez à le bien recevoir;
Si je ne vous luy vois faire fort bon visage,
Je vous... Je ne veux pas en dire davantage.

SCÈNE II

CÉLIE, SA SUIVANTE

Qui comparera cette seconde Scène à la première confessera d'abord que l'Autheur de cette Pièce a un génie tout particulier pour les Ouvrages de Théâtre, et qu'il est du tout impossible que ses Pièces ne réussissent pas, tant il sçait bien de quelle manière il faut attacher l'esprit de l'auditeur. En effet, nous voyons qu'après avoir fait voir, dans la Scène précédente, un Père pédagogue, qui tasche de persuader à sa Fille que la richesse est préférable à l'amour, il fait parler dans celle-cy, afin de divertir l'auditeur par la variété de la matière, une Veufve, Suivante de Célie et confidente toute ensemble, qui s'estonne de quoy sa Maistresse respond par des larmes à des offres d'Himen, et, après avoir dit qu'elle ne feroit pas de mesme si l'on la vouloit marier, elle trouve moyen de descrire toutes les douceurs du Mariage, ce qu'elle exécute si bien qu'elle en fait naistre l'envie à celles qui n'en ont pas tâté. Sa Maistresse, comme font d'ordinaire celles qui n'ont jamais esté mariées, l'escoute avec attention et ne recule le temps de jouir de ses douceurs que parce qu'elle les veut gouster avec Lélie, qu'elle aime parfaitement, et qu'elles se changent toutes en amertume lors que l'on les gouste avec une personne que l'on n'aime pas. C'est pourquoy elle monstre à sa Suivante le Portrait de Lélie, pour la faire tomber d'accord de la bonne mine de ce Galand, et du sujet qu'elle a de l'aimer. Vous m'objecterez peut-estre que cette Fille le doit connoistre puisqu'elle demeure avec Célie et que, son Père l'ayant promise à Lélie, cet Amant estoit souvent venu voir sa Maistresse; mais je vous respondray que Lélie estoit à la Campagne devant qu'elle demeurast avec elle. Après cette disgression pour la justification de nostre Autheur, voyons quels effets ce Portrait produit. Celle, qui peu auparavant disoit qu'il ne falloit jamais rejetter des offres d'Himen, advoue que Célie a sujet d'aimer tendrement un homme si bien fait, et Célie, songeant qu'elle sera peut-estre contrainte d'en espouser un autre, s'évanouit; sa Confidente appelle du secours. Ce pendant qu'il en viendra, vous pouvez lire ces Vers, qui vous le feront attendre sans impatience :

LA SUIVANTE

Quoy! Refuser, Madame, avec cette rigueur
Ce que tant d'autres gens voudroient de tout leur cœur,

A des offres d'Himen respondre par des larmes,
Et tarder tant à dire un *ouy* si plein de charmes !
Hélas, que ne veut-on aussi me marier ?
Ce ne seroit pas moy qui se feroit prier,
Et, loing qu'un pareil *ouy* me donna[st] de la peine,
Croyez que j'en dirois bien viste une douzaine.
Le Précepteur, qui fait répéter la leçon
A vostre jeune Frère, a fort bonne raison
Lors que, nous discourant des choses de la Terre,
Il dit que la femelle est ainsi que le lierre,
Qui croist beau, tant qu'à l'arbre il se tient bien serré,
Et ne profite point, s'il en est séparé.
Il n'est rien de plus vray, ma très-chère Maistresse,
Et je l'éprouve en moy, chétive pécheresse.
Le bon Dieu fasse paix à mon pauvre Martin ;
Mais j'avois, luy vivant, le teint d'un Chérubin,
L'embonpoint merveilleux, l'œil guay, l'âme contente,
Et maintenant je suis ma commère dolente.
Pendant cet heureux temps, passé comme un éclair,
Je me couchois sans feu dans le fort de l'hyver ;
Seicher mesme les draps me sembloit ridicule,
Et je tremble à présent dedans la Canicule.
Enfin il n'est rien tel, Madame, croyez-moy,
Que d'avoir un Mary la nuit auprès de soy,
Ne fusse que pour l'heur d'avoir qui vous salue
D'un : « Dieu vous soit en aide », alors qu'on esternue.

CÉLIE

Peux-tu me conseiller de commettre un forfait,
D'abandonner Lélie, et prendre ce mal fait?

LA SUIVANTE

Vostre Lélie aussi n'est, ma foy, qu'une beste,
Puisque si hors de temps son voyage l'arreste,
Et la grande longueur de son esloignement
Me le fait soubçonner de quelque changement.

CÉLIE

Ah! ne m'accable point par ce triste présage.

Luy montrant le portrait de Lélie :

Vois attentivement les traits de ce visage;
Ils jurent à mon cœur d'éternelles ardeurs;
Je veux croire, après tout, qu'ils ne sont pas menteurs,
Et, comme c'est celuy que l'art y représente,
Il conserve à mes feux une amitié constante.

LA SUIVANTE

Il est vray que ces traits marquent un digne Amant,
Et que vous avez lieu de l'aimer tendrement.

CÉLIE

Et cependant il faut...

Laissant tomber le portrait de Lélie :

Ah, soustiens moy.

LA SUIVANTE

Madame,
D'où vous pourroit venir... Ah, bons Dieux, elle pasme.
Hé, vite; holà; quelqu'un!

SCÈNE III

CÉLIE, LA SUIVANTE, SGANARELLE

Cette Scène est fort courte, et Sganarelle, comme un des plus proches Voisins de Célie, accourt aux cris de cette Suivante, qui lui donne sa Maistresse à soustenir, ce pendant qu'elle va chercher encore du secours d'un autre costé, comme vous pouvez voir par ce qui suit:

SGANARELLE

Qu'est-ce donc? Me voilà.

LA SUIVANTE

Ma Maistresse se meurt.

SGANARELLE

Quoy? Ce n'est que cela?
Je croyois tout perdu de crier de la sorte.
Mais approchons pourtant. Madame, estes-vous morte?
Hays, elle ne dit mot.

LA SUIVANTE

Je vais faire venir
Quelqu'un pour l'emporter; vueillez la soustenir.

SCÈNE IV

CÉLIE, SGANARELLE, SA FEMME

Cette Scène n'est pas plus longue que la précédente, et la Femme de Sganarelle, regardant par la fenestre, prend de la jalousie de son Mary, à qui elle voit tenir une femme entre ses bras, et descend pour le surprendre, cependant qu'il aide à r'emporter Célie chez elle ; ce que vous pourrez voir en lisant ces vers :

SGANARELLE

Elle est froide partout, et je ne sçais qu'en dire.
Approchons-nous, pour voir si sa bouche respire.
Ma foy, je ne sçais pas, mais j'y trouve encor, moy,
Quelque signe de vie.

LA FEMME DE SGANARELLE *regardant par la fenestre :*

Ah, qu'est-ce que je voy ?
Mon Mary dans ses bras... mais je m'en vais descendre ;
Il me trahit sans doute, et je veux le surprendre.

SGANARELLE

Il faut se dépescher de l'aller secourir ;
Certes, elle auroit tort de se laisser mourir.
Aller en l'autre Monde est très-grande sottise,
Tant que dans celuy-cy l'on peut estre de mise.

Il l'emporte avec un homme que la Suivante ameine.

SCÈNE V

L'Autheur, qui, comme nous avons dit cy-dessus, sçait tout à fait bien mesnager l'esprit de son auditeur après l'avoir diverty dans les deux précédentes Scènes, dont la beauté consiste presque toute dans l'action, l'attache dans celle-cy par un raisonnement si juste que l'on ne pourra qu'à peine se l'imaginer, si l'on en considère la matière ; mais il n'appartient qu'à des plumes comme la sienne à faire beaucoup de peu, et voicy, pour satisfaire vostre curiosité, le sujet de cette Scène. La Femme de Sganarelle, estant descendue et n'ayant point trouvé son Mary, fait esclatter sa jalousie, mais d'une manière sy surprenante et sy extraordinaire que, quoy que cette matière ait esté fort souvent rebatue, jamais personne ne l'a traittée avec tant de succès, d'une manière si contraire à celle de toutes les autres Femmes, qui n'ont recours qu'aux emportemens en de semblables rencontres, et, comme il m'a esté presque impossible de vous l'exprimer aussi bien que luy, ces vers vous en feront connoistre la beauté :

LA FEMME DE SGANARELLE *seule*.

Il s'est subitement esloigné de ces lieux,
Et sa fuite a trompé mon desir curieux ;
Mais de sa trahison je ne fais plus de doute,
Et le peu que j'ay veu me la découvre toute.
Je ne m'estonne plus de l'estrange froideur
Dont je le vois répondre à ma pudique ardeur ;
Il réserve, l'ingrat, ses caresses à d'autres,
Et nourit leurs plaisirs par le jeûne des nostres.
Voilà de nos Maris le procédé commun ;
Ce qui leur est permis leur devient importun.
Dans les commencemens ce sont toutes merveilles ;
Ils témoignent pour nous des ardeurs nonpareilles,

Mais les traîtres bien-tost se lassent de nos feux
Et portent autre part ce qu'ils doivent chez eux.
Ah, que j'ay de despit que la Loy n'authorise
A changer de Mary comme on fait de chemise.
Cela seroit commode, et j'en sais tel(le) icy
Qui, comme moy, ma foy, le voudroit bien aussi.

En ramassant le portraict que Célie avoit laissé tomber :

Mais quel est ce bijou que le Sort me présente ?
L'aimail en est fort beau, la graveure charmante.
Ouvrons.

SCÈNE VI

SGANARELLE ET SA FEMME

Quelques beautez que l'Autheur ait fait voir dans la Scène précédente, ne croyez pas qu'il soit de ceux qui souvent, après un beau début, donnent, pour parler vulgairement, du nez en terre, puisque, plus vous advancerez dans la lecture de cette Pièce, plus vous y descouvrirez de beautez, et, pour en estre persuadé, il ne faut que jetter les yeux sur cette Scène, qui en fait le fondement. Célie, en s'évanouissant, ayant laissé tomber le portraict de son Amant, la Femme de Sganarelle le ramasse et, comme elle le considère attentivement, son Mary ayant aidé à reporter Célie chez elle, rentre sur la Scène et regarde, par dessus l'espaule de sa Femme, ce qu'elle considère et, voyant ce portraict, commence d'entrer en quelque sorte de jalousie, lors que sa Femme s'avise de le sentir, ce qui confirme ses soubçons, dans la pensée qu'il a qu'elle le baise; mais il ne doute bien tost plus qu'il est de la grande Confrairie quand il entend dire à sa Femme qu'elle souhaitteroit d'avoir un Espoux d'une aussi bonne mine : c'est alors qu'en la surprenant il luy arrache ce portraict. Mais, devant que de parler des discours qu'ils tiennent ensemble sur le sujet de leur jalousie, il est à propos de vous dire qu'il ne s'est jamais rien veu de si agréable que les postures de Sganarelle quand il est derrière sa Femme. Son visage et ses gestes expriment si bien sa jalousie qu'il ne seroit pas nécessaire qu'il parlast pour paroistre le plus jaloux de tous les hommes. Il reproche à sa Femme son infidélité et tâche à la persuader qu'elle est d'autant plus coupable qu'elle a un Mary qui, soit pour les qualitez du corps, soit pour celles de l'esprit, est entièrement parfait. Sa Femme, qui d'un autre costé croit avoir autant et plus de sujet que luy d'avoir martel en teste, s'emporte contre luy en luy redemandant son bijou, tellement que, chacun croyant avoir raison, cette dispute donne un agréable divertissement à l'auditeur, à quoy Sganarelle contribue beaucoup par des gestes, qui sont inimitables et qui ne se peuvent exprimer sur le papier. Sa Femme, estant lasse d'ouïr ses reproches, luy arrache le portraict qu'il luy avoit pris et s'enfuit, et Sganarelle court après elle. Vous auriez sujet de me quereller, si je ne vous envoyois pas les Vers d'une Scène qui fait le fondement de cette Pièce. C'est pour quoy je satisfais à vostre curiosité.

SGANARELLE

On la croyoit morte, et ce n'estoit rien ;
Il n'en faut plus qu'autant ; elle se porte bien.
Mais j'apperçois ma Femme.

SA FEMME

O ciel ! C'est mignature,
Et voilà d'un bel homme une vive peinture !

SGANARELLE *à part, et regardant par-dessus l'espaule de sa femme:*

Que considère-t-elle avec attention ?
Ce portrait, mon Honneur, ne nous dit rien de bon ;
D'un fort vilain soubçon je me sens l'âme esmue.

SA FEMME, *sans l'appercevoir, continue:*

Jamais rien de plus beau ne s'offrit à ma veue ;
Le travail, plus que l'or, s'en doit encor priser.
Hon ! que cela sent bon !

SGANARELLE *à part:*
         Quoy! peste, le baiser!
Ah, j'en tiens.
        SA FEMME *poursuit:*
      Avouons qu'on doit être ravie
Quand d'un homme ainsi fait on se peut voir servie
Et que, s'il en contoit avec attention,
Le penchant seroit grand à la tentation.
Ah, que n'ay-je un Mary d'une aussi bonne mine,
Au lieu de mon pelé, de mon rustre...
        SGANARELLE *luy arrachant le portrait:*
                        Ah, mâtine,
Nous vous y surprenons en faute contre nous,
En diffamant l'honneur de vostre cher Espoux:
Donc, à vostre calcul, ô ma trop digne Femme,
Monsieur, tout bien conté, ne vaut pas bien Madame?
Et, de par Belzébut qui vous puisse emporter,
Quel plus rare party pourriez-vous souhaiter?
Peut-on trouver en moy quelque chose à redire?
Cette taille, ce port, que tout le monde admire,
Ce visage, si propre à donner de l'amour,
Pour qui mille beautez soupirent nuit et jour;
Bref, en tout et par tout ma personne charmante
N'est donc pas un morceau dont vous soyez contente,
Et, pour rassasier vostre appétit gourmand,
Il faut à son Mary le ragoût d'un Galant?

SA FEMME

J'entends à demy-mot où va la raillerie.
Tu crois par ce moyen...

SGANARELLE

A d'autres, je vous prie;
La chose est avérée, et je tiens dans mes mains
Un bon certificat du mal dont je me plains.

SA FEMME

Mon couroux n'a desjà que trop de violence,
Sans le charger encor d'une nouvelle offence.
Escoute; ne crois pas retenir mon bijou,
Et songe un peu...

SGANARELLE

Je songe à te rompre le cou.
Que ne puis-je, aussi bien que je tiens la coppie,
Tenir l'original !

SA FEMME

Pour quoy ?

SGANARELLE

Pour rien, ma mie.
Doux objet de mes vœux, j'ay grand tort de crier,
Et mon front de vos dons vous doit remercier.

Regardant le portraict de Lélie :

Le voilà le beau fils, le mignon de couchette,

Le malheureux tison de ta flâme secrette,
Le drôle avec lequel...

LA FEMME DE SGANARELLE

Avec lequel... Poursuis.

SGANARELLE

Avec lequel, te dis-je... et j'en crève d'ennuis.

SA FEMME

Que me veut donc par là conter ce maistre yvrogne ?

SGANARELLE

Tu ne m'entends que trop, Madame la carogne.
Sganarelle est un nom qu'on ne me dira plus,
Et l'on va m'appeler Seigneur Cornélius :
J'en suis pour mon honneur, mais à toy qui me l'ostes,
Je t'en feray du moins pour un bras ou deux costes.

SA FEMME

Et tu m'oses tenir de semblables discours ?

SGANARELLE

Et tu m'oses jouer de ces diables de tours ?

SA FEMME

Et quels diables de tours ? Parle donc, sans rien feindre.

SGANARELLE

Ah ! cela ne vaut pas la peine de se plaindre.

D'un panache de cerf sur le front me pourvoir,
Hélas, voilà vrayment un beau venez-y voir.

SA FEMME

Donc, après m'avoir fait la plus sensible offence
Qui puisse d'une Femme exciter la vengeance,
Tu prends d'un feint couroux le vain amusement
Pour prévenir l'effect de mon ressentiment ?
D'un pareil procédé l'insolence est nouvelle ;
Celuy qui fait l'offence est celuy qui querelle.

SGANARELLE

Eh, la bonne effrontée ! A voir ce fier maintien,
Ne la croiroit-on pas une Femme de bien ?

LA FEMME DE SGANARELLE

Va, poursuis ton chemin, cajole tes Maistresses,
Adresse leurs tes vœux, et fais leurs des caresses ;
Mais rends-moi mon portraict, sans te jouer de moy.

Elle luy arrache le portraict et s'enfuit.

SGANARELLE, *courant après elle :*

Ouy, tu crois m'échapper... Je l'auray malgré toy.

SCÈNE VII

LÉLIE, GROS-RENÉ

> Lélie avoit desjà trop causé de trouble dans l'esprit de tous nos Acteurs pour ne pas venir faire paroistre les siens sur la Scène. En effet il n'y arrive pas plutost que l'on voit la tristesse peinte sur son visage. Il fait voir que de la Campagne, où il estoit, il s'est rendu au plutost à Paris sur le bruit de l'himen de Célie. Comme il est tout nouvellement arrivé, son Valet le presse d'aller manger un morceau devant que d'aller apprendre des nouvelles de sa Maistresse; mais il n'y veut pas consentir et, voyant que son Valet l'importune, il l'envoye manger, cependant qu'il va chercher à se délasser des fatigues de son voyage auprès de sa Maistresse. Remarquez, s'il vous plaist, ce que cette Scène contient, et je vous feray voir en un autre endroit que l'Autheur a infiniment de l'esprit de l'avoir placée si à propos, et, pour vous en mieux faire ressouvenir, en voicy les Vers :

GROS-RENÉ

Enfin nous y voicy. Mais, Monsieur, si je l'ose,
Je voudrois vous prier de me dire une chose.

LÉLIE

Hé bien, parle.

GROS-RENÉ

   Avez-vous le Diable dans le corps,
Pour ne pas succomber à de pareils efforts?
Depuis huit jours entiers, avec vos longues traites,
Nous sommes à picquer des chiennes de mazettes,
De qui le train maudit nous a tant secouez
Que je m'en sens, pour moy, tous les membres rouez,

Sans préjudice encor d'un accident bien pire
Qui m'afflige un endroit que je ne veux pas dire.
Cependant, arrivé, vous sortez bien et beau
Sans prendre de repos, ny manger un morceau.

LÉLIE

Ce grand empressement n'est pas digne de blâme.
De l'himen de Célie on allarme mon âme ;
Tu sçais que je l'adore, et je veux estre instruit,
Avant tout autre soin, de ce funeste bruit.

GROS-RENÉ

Ouy ; mais un bon repas vous seroit nécessaire
Pour s'aller esclaircir, Monsieur, de cette affaire,
Et vostre cœur, sans doute, en deviendroit plus fort
Pour pouvoir résister aux attaques du Sort.
J'en juge par moy-mesme, et la moindre disgrâce,
Lors que je suis à jeun, me saisist, me terrace ;
Mais, quand j'ay bien mangé, mon âme est ferme à tout,
Et les plus grands revers n'en viendroient pas à bout.
Croyez-moy, bourez-vous, et sans réserve aucune,
Contre les coups que peut vous porter la Fortune,
Et, pour fermer chez vous l'entrée à la douleur,
De vingt verres de vin entourez votre cœur.

LÉLIE

Je ne sçaurois manger.

GROS-RENÉ; *à part ce demy vers :*

              Si fait bien moy, je meure !
Vostre disné pourtant seroit prest tout à l'heure.

LÉLIE

Tay-toy, je te l'ordonne.

GROS-RENÉ

              Ah, quel ordre inhumain !

LÉLIE

J'ay de l'inquiétude, et non pas de la faim.

GROS-RENÉ

Et moy j'ay de la faim et de l'inquiétude
De voir qu'un sot amour fait toute vostre estude.

LÉLIE

Laisse-moy m'informer de l'objet de mes vœux,
Et, sans m'importuner, va manger si tu veux.

GROS-RENÉ

Je ne réplique point à ce qu'un Maistre ordonne.

SCÈNE VIII

Je ne vous diray rien de cette Scène, puisqu'elle ne contient que ces trois Vers :

LÉLIE *seul*:

Non, non, à trop de peur mon ame s'abandonne ;
Le Père m'a promis, et la Fille a fait voir
Des preuves d'un amour qui soustient mon espoir.

SCÈNE IX

SGANARELLE, LÉLIE

C'est icy que l'Autheur fait voir qu'il ne sçait pas moins bien représenter une Pièce qu'il la sçait composer, puisque l'on ne vist jamais rien de si bien joué que cette Scène. Sganarelle ayant arraché à sa Femme le portraict qu'elle luy venoit de reprendre, vient pour le considérer à loisir, lorsque Lélie, voyant que cette boeste ressembloit fort à celle où estoit le portraict qu'il avoit donné à sa Maistressé, s'approche de luy pour le regarder par dessus son espaule, tellement que Sganarelle, voyant qu'il n'a pas le loisir de considérer ce portraict comme il le voudroit bien et que, de quelque costé qu'il se puisse tourner, il est obsédé par Lélie, et Lélie enfin, de son costé ne doutant plus que ce ne soit son portrait et impatient de sçavoir de qui Sganarelle peut l'avoir eu, s'enquerre de luy comment il est tombé entre ses mains. Ce desir estonne Sganarelle, mais sa surprise cesse bien tost, lorsqu'après avoir bien examiné ce portraict, il reconnoist que c'est celuy de Lélie. Il luy dit qu'il sçait bien le soucy qui le tient, qu'il connoist bien que c'est son portraict, et le prie de cesser un amour qu'un Mary peut trouver fort mauvais. Lélie luy demande s'il est Mary de celle qui conservoit ce gage. Sganarelle luy dit qu'ouy et qu'il en est Mary très marry, qu'il en sçait bien la cause et qu'il va sur l'heure l'apprendre aux parents de sa Femme, et moy cependant je m'en vais vous apprendre les Vers de cette Scène. Il faut que vous preniez garde qu'un agréable malentendu est ce qui fait la beauté de cette Scène et que, subsistant pendant le reste de la Pièce entre les quatre principaux Acteurs, qui sont Sganarelle, sa Femme, Lélie et sa Maistresse, qui ne s'entendent pas, il divertit merveilleusement l'auditeur sans fatiguer son esprit, tant il naist naturellement et tant sa conduite est admirable dans cette Pièce.

SGANARELLE

Nous l'avons, et je puis voir à l'aise la trogne
Du malheureux pendart qui cause ma vergogne ;
Il ne m'est point connu.

LÉLIE *à part :*

Dieux! qu'apperçoy-je ici,
Et, si c'est mon portraict, que dois-je croire aussi ?

SGANARELLE *continue :*

Ah, pauvre Sganarelle, à quelle destinée
Ta réputation est-elle condamnée ?
Faut...

Apercevant Lélie qui le regarde, il se retourne d'un autre costé.

LÉLIE *à part :*

Ce gage ne peut, sans allarmer ma foy,
Estre sorti des mains qui le tenoi[en]t de moy.

SGANARELLE

Faut-il que désormais à deux doigts on te montre,
Qu'on te mette en chansons, et qu'en toute rencontre
On te rejette au nez le scandaleux affront
Qu'une femme mal née imprime sur ton front ?

LÉLIE *à part :*
Me trompay-je ?

SGANARELLE

Ah, truande, as-tu bien le courage
De m'avoir fait cocu dans la fleur de mon aage,
Et, Femme d'un Mary qui peut passer pour beau,
Faut-il qu'un marmouset, un maudit estourneau...

LÉLIE *à part, et regardant encore son portraict :*
Je ne m'abuse point; c'est mon portraict luy-mesme.

SGANARELLE *luy retourne le dos :*
Cet homme est curieux.

LÉLIE *à part :*
Ma surprise est extresme !

SGANARELLE *à part.*
A qui donc en a-t-il ?

LÉLIE *à part :*
Je le veux accoster.
Haut :
Puis-je... Hé, de grâce, un mot.....

SGANARELLE *le fuit encore.*
Que me veut-il conter ?

LÉLIE
Puis-je obtenir de vous de sçavoir l'avanture
Qui fait dedans vos mains trouver cette peinture ?

SGANARELLE *à part et examinant le portraict qu'il tient et Lélie :*
D'où lui vient ce desir? Mais je m'avise icy...
Ah, ma foy, me voilà de son trouble esclaircy !
Sa surprise à présent n'estonne plus mon âme ;
C'est mon homme, ou plutost c'est celuy de ma Femme.

LÉLIE
Retirez-moy de peine, et dites d'où vous vient...

SGANARELLE
Nous savons, Dieu mercy, le soucy qui vous tient ;
Ce portraict qui vous fasche est vostre ressemblance ;
Il estoit en des mains de vostre connoissance,
Et ce n'est pas un faict qui soit secret pour nous
Que les douces ardeurs de la Dame et de vous.
Je ne sçay pas si j'ay, dans sa galanterie,
L'honneur d'estre connu de vostre Seigneurie,
Mais faites-moi celuy de cesser désormais
Un amour qu'un Mary peut trouver fort mauvais,
Et songez que les nœuds du sacré mariage...

LÉLIE
Quoy ! Celle, dites-vous, dont vous tenez ce gage...

SGANARELLE
Est ma femme, et je suis son Mary.

LÉLIE
                      Son Mary !

SGANARELLE

Oui, son Mary, vous dis-je, et Mary très-marry ;
Vous en sçavez la cause, et je m'en vais l'apprendre
Sur l'heure à ses parents.

SCÈNE X

LÉLIE seul :

Lélie se plaint dans cette Scène de l'infidélité de sa Maistresse, et l'outrage qu'elle luy fait, ne l'abbatant pas moins que les longs travaux de son voyage, le fait tomber en foiblesse. Plusieurs ont assez ridiculement repris cette Scène, sans avoir, pour justifier leur impertinence, autre chose à dire sinon que l'infidélité d'une Maistresse n'estoit pas capable de faire évanouir un homme. D'autres ont dit encor que cet évanouissement estoit mal placé, et que l'on voyoit bien que l'Autheur ne s'en estoit servy que pour faire naistre l'incident qui paroist en suitte. Mais je respondray en deux mots aux uns et aux autres, et je dis d'abord aux premiers qu'ils n'ont pas bien considéré que l'Autheur avoit preparé cet incident long temps devant et que l'infidélité de la Maistresse de Lélie n'est pas seule la cause de son évanouissement, qu'il a encor deux puissantes raisons, dont l'une est les longs et pénibles travaux d'un voyage de huit jours qu'il avoit fait en poste, et l'autre qu'il n'avoit point mangé depuis son arrivée, comme l'Autheur l'a découvert cy devant aux auditeurs, en faisant que Gros-René le presse d'aller manger un morceau afin de pouvoir résister aux attaques du Sort — et c'est pour cela que je vous ay prié de remarquer la Scène qu'ils font ensemble — tellement qu'il n'est pas impossible qu'un homme, qui arrive d'un long voyage, qui n'a point mangé depuis son arrivée et qui apprend l'infidélité d'une Maistresse, s'évanouisse. Voilà ce que j'ai à dire aux premiers censeurs de cet incident miraculeux. Pour ce qui regarde les seconds, quoy qu'ils paroissent le reprendre avec plus de justice, je les confondray encor plutost, et, pour commencer à leur faire voir leur ignorance, je veux leur accorder que l'Autheur n'a fait évanouir Lélie que pour donner lieu à l'incident qui suit ; mais ne doivent-ils pas sçavoir que, quand un Autheur a un bel incident à insérer dans une Pièce, s'il trouve des moyens vrays-semblables pour le faire naistre, il en doit estre d'autant plus estimé que la chose est beaucoup difficile et qu'au contraire, s'il ne le fait paroistre que par des moyens erronez et tirez par la queue, il doit passer pour un ignorant puisque c'est une des qualitez la plus nécessaire à un Autheur que de sçavoir inventer avec vraye-semblance. C'est pourquoy, puis qu'il y a tant de possibilité et de vraye-semblance dans l'esvanouissement de Lélie que l'on pourroit dire qu'il estoit absolument nécessaire qu'il s'évanouît, puis qu'il auroit paru peu amoureux si, estant arrivé à Paris, il s'estoit allé amuser à manger au lieu d'aller trouver sa Maistresse, ils condamnent les choses qu'ils devroient estimer puisque la conduite de cet incident, avec toutes les préparations nécessaires, fait voir que l'Autheur pense murement à ce qu'il fait et que rien ne se peut égaler à la solidité de son esprit. Voilà quelle est ma pensée là dessus, et, pour vous monstrer que les raisons que j'ay apportées sont vrayes, vous n'avez qu'à lire ces Vers :

Ah, que viens-je d'entendre ?
On me l'avoit bien dit, et que c'estoit de tous
L'homme le plus mal fait qu'elle avoit pour époux.
Ah, quand mille sermens de ta bouche infidelle
Ne m'auroient pas promis une flamme éternelle,
Le seul mépris d'un choix si bas et si honteux
Devoit bien soutenir l'intérest de mes feux,
Ingrate ! et, quelque bien... Mais ce sensible outrage,
Se mêlant aux travaux d'un assez long voyage,
Me donne tout à coup un choc si violent
Que mon cœur devient foible et mon corps chancelant.

SCÈNE XI

LÉLIE, LA FEMME DE SGANARELLE

Voyons si quelqu'un n'aura point de pitié de ce pauvre Amant qui tombe en foiblesse. La Femme de Sganarelle, en colère contre son Mary de ce qu'il luy avoit emporté le bijou qu'elle avoit trouvé, sort de chez elle, et, voyant Lélie qui commençoit à s'évanouir, le fait entrer dans sa

Salle en attendant que son mal se passe. Jugez, après les transports de la jalousie de Sganarelle, de l'effect que cet incident doit produire et s'il fut jamais rien de mieux imaginé. Vous pourrez lire les Vers de cette Scène, ce pendant que j'iray voir si Sganarelle a trouvé quelqu'un des parens de sa Femme.

LA FEMME DE SGANARELLE *se tournant vers Lélie :*

Malgré moy mon perfide... Hélas, quel mal vous presse ?
Je vous vois prest, Monsieur, à tomber en foiblesse.

LÉLIE

C'est un mal qui m'a pris assez subitement.

LA FEMME DE SGANARELLE

Je crains icy pour vous l'évanouissement ;
Entrez dans cette Salle, en attendant qu'il passe.

LÉLIE

Pour un moment ou deux j'accepte cette grâce.

SCÈNE XII

SGANARELLE ET LE PARENT DE SA FEMME

Il faudroit avoir le pinçeau de Poussin, Le Brun et Mignard, pour vous représenter avec quelle posture Sganarelle se fait admirer dans cette Scène, où il paroist avec un parent de sa Femme. L'on n'a jamais veu tenir de discours si naifs ny paroistre avec un visage si niais, et l'on ne doit pas moins admirer l'Autheur pour avoir fait cette Pièce que pour la manière dont il l'a représenté. Jamais personne ne sçeut si bien démonter son visage, et l'on peut dire que, dedans cette Pièce, il en change plus de vingt fois ; mais, comme c'est un divertissement que vous ne pouvez avoir à moins que de venir à Paris voir représenter cet incomparable ouvrage, je ne vous en diray pas davantage pour passer aux choses dont je puisse plus aisément vous faire part. Ce bon Vieillard remonstre à Sganarelle que le trop de promptitude expose souvent à l'erreur, que tout ce qui regarde l'honneur est délicat ; ensuitte il luy dit qu'il s'informe mieux comment ce portraict est tombé entre les mains de sa Femme et que, s'il se trouve qu'elle soit criminelle, il sera le premier à punir son offence. Il se retire après cela. Comme je n'ay pu dans cette Scène vous envoyer le portraict du visage de Sganarelle, en voicy les Vers :

LE PARENT

D'un Mary sur ce point j'approuve le soucy,
Mais c'est prendre la chèvre un peu bien viste aussy ;
Et tout ce que de vous je viens d'ouïr contre elle
Ne conclut point, parent, qu'elle soit criminelle.
C'est un point délicat et de pareils forfaits,
Sans les bien avérer, ne s'imputent jamais.

SGANARELLE

C'est-à-dire qu'il faut toucher au doigt la chose.

LE PARENT

Le trop de promptitude à l'erreur nous expose.
Qui sçait comme en ses mains ce portraict est venu,
Et si l'homme après tout luy peut estre connu ?
Informez-vous-en donc, et, [si] c'est ce qu'on pense,
Nous serons les premiers à punir son offence.

SCÈNE XIII

SGANARELLE seul :

Sganarelle, pour ne point démentir son caractère qui fait voir un homme facile à prendre toutes sortes d'impressions, croit facilement ce que le bonhomme luy dit, et commence à se persuader qu'il s'est trop tost mis dans la teste des visions cornues, lors que Lélie, sortant de chez luy avec sa Femme qui le conduit, le fait de nouveau rentrer en jalousie. Les vers qu'il dit dans cette Scène vous feront mieux voir son caractère que je ne vous l'ay dépeint :

On ne peut pas mieux dire ; en effect, il est bon
D'aller tout doucement. Peut-estre sans raison
Me suis-je en teste mis ces visions cornues,
Et les sueurs au front m'en sont trop tost venues.
Par ce portrait enfin dont je suis alarmé
Mon deshonneur n'est pas tout à fait confirmé ;
Taschons donc par nos soins...

SCÈNE XIV

SGANARELLE, SA FEMME, LÉLIE, *sur la porte de Sganarelle en parlant à sa Femme.*

Je ne vous dis rien de cette Scène, et je vous laisse à juger par ces Vers de la surprise de Sganarelle :

SGANARELLE poursuit :

       Ah ! que vois-je ? Je meure,
Il n'est plus question de portraict à cette heure ;

Voicy, ma foy, la chose en propre original.

LA FEMME DE SGANARELLE *à Lélie:*

C'est par trop vous haster, Monsieur, et vostre mal,
Si vous sortez si tost, poura bien vous reprendre.

LÉLIE

Non, non; je vous rends grâce, autant qu'on puisse rendre,
Du secours obligeant que vous m'avez presté.

SGANARELLE *à part:*

La masque encore après luy fait civilité.

SCÈNE XV

SGANARELLE, LÉLIE

Lélie donne, sans y penser, le change à Sganarelle dans cette Scène, et ne le surprend pas moins que l'autre a tantost fait en luy disant qu'il tenoit son portraict des mains de sa Femme. Pour mieux juger de la surprise de Sganarelle, vous pouvez lire ces Vers, dont le dernier est placé si à propos que jamais Pièce entière n'a fait tant d'éclat que ce Vers seul.

SGANARELLE *à part:*

Il m'apperçoit; voyons ce qu'il me poura dire.

LÉLIE *à part:*

Ah, mon âme s'esmeut, et cet objet m'inspire...
Mais je dois condamner cet injuste transport,
Et n'imputer mes maux qu'aux rigueurs de mon sort;

Envions seulement le bonheur de sa flamme.

Passant auprès de luy et le regardant :
O trop heureux d'avoir une si belle Femme!

SCÈNE XVI

SGANARELLE, CÉLIE *regardant aller Lélie.*

L'on peut dire que cette Scène en contient deux puisque Sganarelle fait une espèce de Monologue pendant que Célie, qui avoit veu sortir son Amant d'avec luy, le conduit des yeux jusqu'à ce qu'elle l'ait perdu de veue pour voir si elle ne s'est point trompée. Sganarelle de son costé regarde aussi en aller Lélie et fait voir le dépit qu'il a de ne luy avoir pas fait insulte, après l'asseurance qu'il croit avoir d'estre Cocu de luy. Célie, luy ayant laissé jetter la plus grande partie de son feu, s'en approche pour luy demander si celuy qui luy vient de parler ne luy est pas conçu ; mais il luy répond, avec sa naïveté ordinaire, que c'est sa Femme qui le connoist et découvre peu à peu, mais d'une manière tout à fait agréable, que c'est Lélie qui le deshonnore. C'est icy que l'équivoque divertist merveilleusement l'auditeur puisque, Célie détestant la perfidie de son Amant, jettant feu et flammes contre luy et sortant à dessein de s'en venger, Sganarelle croit qu'elle prend sa deffence et qu'elle ne court, à dessein de le punir, que pour l'amour de luy. Comme les Vers de cette Scène donnent à l'auditeur un plaisir extraordinaire, il ne seroit pas juste de vous priver de ce contentement ; c'est pourquoy, en jettant les yeux sur les lignes suivantes, vous pourrez connoistre que l'Auteur sçait parfaitement bien conduire une équivoque.

SGANARELLE *sans voir Célie :*

Ce n'est point s'expliquer en termes ambigus.
Cet estrange propos me rend aussi confus
Que s'il m'estoit venu des cornes à la teste.

Il se tourne du costé que Lélie vient de s'en aller :
Allez, ce procédé n'est point du tout honneste.

CÉLIE *à part :*

Quoy ! Lélie a paru tout à l'heure à mes yeux !
Qui pourroit me cacher son retour en ces lieux ?

SGANARELLE *poursuit. Célie approche peu à peu de luy, et attend que son transport soit fini pour luy parler.*

O trop heureux d'avoir une si belle Femme !
Malheureux bien plutost de l'avoir cette infâme,
Dont le coupable feu, trop bien vérifié,
Sans respect ny demy nous a cocufié !
Mais je le laisse aller après un tel indice,
Et demeure les bras croisez comme un Jocrice ?
Ah, je devois du moins luy jetter son chapeau,
Luy ruer quelque pierre, ou crotter son manteau ;
Et sur luy hautement, pour contenter ma rage,
Faire « Au larron d'honneur » crier le voisinage.

CÉLIE

Celuy qui maintenant devers vous est venu,
Et qui vous a parlé, d'où vous est-il connu ?

SGANARELLE

Hélas, ce n'est pas moy qui le connoist, Madame ;
C'est ma Femme.

CÉLIE

Quel trouble agite ainsi vostre âme ?

SGANARELLE

Ne me condamnez point d'un deuil hors de saison,

Et laissez moy pousser des soupirs à foison.

CÉLIE

D'où vous peuvent venir ces douleurs non communes?

SGANARELLE

Si je suis affligé, ce n'est pas pour des prunes,
Et je le donnerois à bien d'autre qu'à moy
De se voir, sans chagrin, au point où je me voy.
Des maris mal-heureux vous voyez le modèle;
On desrobe l'honneur au pauvre Sganarelle,
Mais, c'est peu que l'honneur dans mon affliction,
L'on me desrobe encor la réputation.

CÉLIE

Comment?

SGANARELLE

    Ce Damoiseau, parlant par révérence,
Me fait cocu, Madame, avec toute licence,
Et j'ay sçeu par mes yeux avérer aujourd'huy
Le commerce secret de ma Femme et de luy.

CÉLIE

Celuy qui maintenant...

SGANARELLE

    Ouy, ouy, me deshonore;
Il adore ma Femme, et ma Femme l'adore.

CÉLIE

Ah, j'avois bien jugé que ce secret retour
Ne pouvoit me couvrir que quelque lasche tour,
Et j'ay tremblé d'abord, en le voyant paroistre,
Par un pressentiment de ce qui devoit estre.

SGANARELLE

Vous prenez ma deffence avec trop de bonté ;
Tout le monde n'a pas la mesme charité,
Et plusieurs, qui tantost ont appris mon martire,
Bien loin d'y prendre part, n'en ont rien fait que rire.

CÉLIE

Est-il rien de plus noir que ta lasche action,
Et peut-on luy trouver une punition ?
Dois-tu ne te pas croire indigne de la vie
Après t'estre souillé de cette perfidie ?
O Ciel, est-il possible ?

SGANARELLLE

    Il est trop vray pour moy.

CÉLIE

Ah, traistre, scélérat, âme double et sans foy !

SGANARELLE

La bonne âme !

CÉLIE

   Non, non, l'Enfer n'a point de Gesne

Qui ne soit pour ton crime une trop douce peine.

SGANARELLE

Que voilà bien parler!

CÉLIE

Avoir ainsi traité
Et la mesme innocence et la mesme bonté!

SGANARELLE. *Il soupire haut :*

Hay!

CÉLIE

Un cœur, qui jamais n'a fait la moindre chose,
A mérité l'affront où ton mespris l'expose.....

SGANARELLE

Il est vray.

CÉLIE

Qui, bien loin... Mais c'est trop, et ce cœur
Ne sçauroit y songer sans mourir de douleur.

SGANARELLE

Ne vous faschez point tant, ma très-chère Madame;
Mon mal vous touche trop, et vous me percez l'âme.

CÉLIE

Mais ne t'abuse pas jusqu'à te figurer
Qu'à des plaintes sans fruit j'en vueille demeurer.
Mon cœur, pour se vanger, sçait ce qu'il te faut faire,
Et j'y cours de ce pas; rien ne m'en peut distraire.

SCÈNE XVII

Si j'avois tantost besoin de ces excellents Peintres que je vous ay nommez pour vous despeindre le visage de Sganarelle, j'aurois maintenant besoin et de leur pinceau et de la plume des plus excellents Orateurs pour vous descrire cette Scène. Jamais il ne se vit rien de plus beau, jamais rien de mieux joué, et jamais Vers ne furent si généralement estimez. Sganarelle joue seul cette Scène, repassant dans son esprit tout ce qu'on peut dire d'un Cocu et les raisons pour lesquelles il ne s'en doit pas mettre en peine, s'en démesle si bien que son raisonnement pourroit en un besoin consoler ceux qui sont de ce nombre. Je vous envoye les Vers de cette Scène afin que, si vous connoissez quelqu'un, à vostre Païs, qui soit de la Confrairie dont Sganarelle se croit estre, vous le pûssiez par là retirer de la mélancolie où il pourroit s'estre plongé.

SGANARELLE *seul*:

Que le Ciel la préserve à jamais de danger!
Voyez quelle bonté de vouloir me vanger!
En effet, son couroux, qu'excite ma disgrâce,
M'enseigne hautement ce qu'il faut que je fasse,
Et l'on ne doit jamais souffrir, sans dire mot,
De semblables affronts, à moins qu'estre un vray sot.
Courons donc le chercher, ce pendant qu'il m'affronte;
Monstrons notre courage à venger nostre honte.
Vous apprendrez, maroufle, à rire à nos dépens,
Et sans aucun respect faire cocus les gens.

Il se retourne, ayant fait trois ou quatre pas:

Doucement, s'il vous plaît. Cet homme a bien la mine
D'avoir le sang bouillant et l'âme un peu mutine;
Il pourroit bien, mettant affront dessus affront,

Charger de bois mon dos, comme il a fait mon front.
Je hais de tout mon cœur les esprits colériques,
Et porte grand amour aux hommes pacifiques.
Je ne suis point battant, de peur d'être battu,
Et l'humeur débonnaire est ma grande vertu.
Mais mon Honneur me dit que d'une telle offence
Il faut absolument que je prenne vengeance :
Ma foy, laissons-le dire autant qu'il luy plaira ;
Au diantre qui pourtant rien du tout en fera !
Quand j'auray fait le brave, et qu'un fer pour ma peine
M'aura d'un vilain coup transpercé la bedaine,
Que par la ville ira le bruit de mon trespas,
Dites-moy, mon Honneur, en serez vous plus gras ?
La bière est un séjour par trop mélancolique,
Et trop mal sain pour ceux qui craignent la colique ;
Et, quant à moy, je trouve, ayant tout compassé,
Qu'il vaut mieux estre encor cocu que trépassé.
Quel mal cela fait-il ? La jambe en devient-elle
Plus tortue après tout, et la taille moins belle ?
Peste soit qui premier trouva l'invention
De s'affliger l'esprit de cette vision,
Et d'attacher l'honneur de l'homme le plus sage
Aux choses que peut faire une femme volage !
Puisqu'on tient, à bon droit, tout crime personnel,
Que fait là nostre honneur pour être criminel ?
Des actions d'autruy l'on nous donne le blasme ;

Si nos Femmes sans nous ont un commerce infâme,
Il faut que tout le mal tombe sur nostre dos;
Elles font la sottise, et nous sommes les sots.
C'est un vilain abus, et les gens de Police
Nous devroient bien régler une telle injustice.
N'avons-nous pas assez des autres accidents
Qui nous viennent happer en despit de nos dents?
Les querelles, procez, faim, soif et maladie
Troublent-ils pas assez le repos de la vie,
Sans s'aller, de surcroist, aviser sottement
De se faire un chagrin qui n'a nul fondement?
Mocquons-nous de cela, méprisons les allarmes,
Et mettons sous nos pieds les soupirs et les larmes.
Si ma Femme a failly, qu'elle pleure bien fort;
Mais, pourquoy, moy, pleurer, puisque je n'ay point tort?
En tout cas, ce qui peut m'ôter ma fascherie,
C'est que je ne suis pas seul de ma Confrairie.
Voir cajoler sa Femme, et n'en tesmoigner rien
Se pratique aujourd'huy par force gens de bien.
N'allons donc point chercher à faire une querelle
Pour un affront qui n'est que pure bagatelle.
L'on m'appellera sot de ne me venger pas,
Mais je le serois fort de courir au trespas.

Mettant la main sur son estomach:

Je me sens là pourtant remuer une bile
Qui veut me conseiller quelque action virile;

Ouy, le courroux me prend, c'est trop estre poltron,
Je veux résolûment me vanger du larron.
Desjà, pour commencer, dans l'ardeur qui m'enflamme,
Je vais dire partout qu'il couche avec ma Femme.

> Advouez-moy maintenant la vérité. Est-il pas vray, Monsieur, que vous avez trouvé ces Vers tout à fait beaux, que vous ne vous estes pû empescher de les relire encore une fois, et que vous demeurez d'accord que Paris a eu raison d'appeler cette scène « la belle Scène » ?

SCÈNE XVIII

GORGIBUS, CÉLIE, LA SUIVANTE

> Célie, n'ayant point trouvé de moyen plus propre, pour punir son Amant, que d'espouser Valère, dit à son Père qu'elle est preste de suivre en tout ses volontez, de quoy le bon Vieillard tesmoigne estre beaucoup satisfait, comme vous pouvez voir par ces Vers :

CÉLIE

Ouy, je veux bien subir une si juste loy.
Mon Père, disposez de mes vœux et de moy ;
Faites, quand vous voudrez, signer cette hyménée.
A suivre mon devoir je suis déterminée ;
Je prétends gourmander mes propres sentiments,
Et me soumettre en tout à vos commandements.

GORGIBUS

Ah, voilà qui me plaist de parler de la sorte.
Parbleu, si grande joye à l'heure me transporte

Que mes jambes sur l'heure en cabrioleroient,
Si nous n'estions point veus de gens qui s'en riroient.
Approche-toy de moy, viens çà que je t'embrasse.
Une telle action n'a pas mauvaise grâce ;
Un Père, quand il veut, peut sa Fille baiser
Sans que l'on ait sujet de s'en scandaliser.
Va, le contentement de te voir si bien née
Me fera rajeunir de dix fois une année.

SCÈNE XIX

CÉLIE, LA SUIVANTE

Vous pourez, dans les cinq vers qui suivent, apprendre le sujet de cette Scène :

LA SUIVANTE

Ce changement m'estonne.

CÉLIE

     Et, lors que tu sçauras
Par quel motif j'agis, tu m'en estimeras.

LA SUIVANTE

Cela pourroit bien estre.

CÉLIE

     Apprends donc que Lélie
A pu blesser mon cœur par une perfidie,

Qu'il estoit en ces lieux sans...

LA SUIVANTE

Mais il vient à nous.

SCÈNE XX

CÉLIE, LÉLIE, LA SUIVANTE

Dans cette Scène, Lélie, qui avoit fait dessein de s'en retourner, vient trouver Célie pour luy dire un éternel adieu et se plaindre de son infidélité, dans la pensée qu'il a qu'elle est mariée à Sganarelle, lors que Célie, qui croiroit avoir plus de lieu de se plaindre que luy, luy reproche de son costé sa perfidie, ce qui ne donne pas un médiocre contentement à l'auditeur, qui connoist l'innocence de l'un et de l'autre, et, comme vous la connoissez aussi, je croy que ces Vers vous pouront divertir :

LÉLIE

Avant que pour jamais je m'esloigne de vous,
Je veux vous reprocher au moins en cette Place...

CÉLIE

Quoy ! Me parler encor ? Avez-vous cette audace ?

LÉLIE

Il est vray qu'elle est grande, et votre choix est tel
Qu'à vous rien reprocher je serois criminel.
Vivez, vivez contente, et bravez ma mémoire
Avec le digne Espoux qui vous comble de gloire.

CÉLIE

Ouy, traistre, j'y veux vivre et mon plus grand desir,

Ce seroit que ton cœur en eust du déplaisir.

LÉLIE

Qui rend donc contre moy ce courroux légitime?

CÉLIE

Quoy, tu fais le surpris et demande ton crime?

SCÈNE XXI

CÉLIE, LÉLIE, SGANARELLE, LA SUIVANTE

Sganarelle, qui, comme vous avez veu dans la fin de la *belle Scène* — puis qu'elle n'a point à présent d'autre nom dans Paris — a pris résolution de se venger de Lélie, vient pour cet effet dans cette Scène, armé de toutes pièces, et, comme il ne l'apperçoit pas d'abord, il ne luy promet pas moins que la mort dès qu'il le rencontrera; mais, comme il est de ceux qui n'exterminent leurs ennemis que quand ils sont absens, aussi tost qu'il apperçoit Lélie, bien loin de luy passer l'espée au travers du corps, il ne lui fait que des révérences, et puis, se retirant à quartier, il s'excite à faire quelque effort généreux et à le tuer par derrière, et, se mettant en colère contre luy mesme de ce que sa poltronnerie ne luy permet pas seulement de le regarder entre deux yeux, il se punit luy mesme de sa lascheté par les coups et les soufflets qu'il se donne, et l'on peut dire que, quoy que l'on ait veu bien souvent des Scènes semblables, Sganarelle sçait si bien animer cette action qu'elle paroist nouvelle au Théâtre. Cependant que Sganarelle se tourmente ainsi luy mesme, Célie et son Amant n'ont pas moins d'inquiétude que luy, et ne se reprochent que par des regards, enflammez de courroux, leur infidélité imaginaire, la colère, quand elle est montée jusqu'à l'excès, ne nous laissant pour l'ordinaire que le pouvoir de dire peu de paroles. Célie est le premier qui, à la veue de Sganarelle, dit à son Amant de jetter les yeux sur luy et qu'il verra de quoy le faire ressouvenir; mais comment y trouveroit-elle de quoy le confondre puisque c'est par là qu'il prétend la confondre elle mesme? Il se passe encore quantité de choses dans cette Scène qui confirment les soubçons de l'un et de l'autre; mais, de peur de vous ennuyer trop long temps par ma Prose, j'ay recours aux Vers que voicy pour les expliquer :

SGANARELLE *entre armé.*

Guerre, guerre mortelle à ce larron d'honneur,
Qui sans miséricorde a souillé notre honneur !

CÉLIE *à Lélie.*

Tourne, tourne les yeux, sans me faire respondre.

LÉLIE

Ah, je vois...

CÉLIE

Cet objet suffit pour te confondre.

LÉLIE

Mais pour vous obliger bien plus tost à rougir.

SGANARELLE

Ma colère à présent est en estat d'agir ;
Dessus ses grands chevaux est monté mon courage,
Et, si je le rencontre, on verra du carnage.
Ouy, j'ay juré sa mort, rien ne peut l'empêcher ;
Où je le trouveray, je le veux dépescher.
Au beau mélieu du cœur il faut que je luy donne...

LÉLIE

A qui donc en veut-on ?

SGANARELLE

Je n'en veux à personne.

LÉLIE

Pourquoy ces armes-là ?

SGANARELLE

C'est un habillement
Que j'ay pris pour la pluye.
A part :
Ah, quel contentement
J'aurois à le tuer ! Prenons-en le courage.

LÉLIE

Hay ?

SGANARELLE

Je ne parle pas.
Se donnant des coups de poing sur l'estomach et des soufflets pour s'exciter.
A part :
Ah poltron, dont j'enrage,
Lasche, vray cœur de poule !

CÉLIE

Il t'en doit dire assez,
Cet objet, dont tes yeux nous paroissent blessez.

LÉLIE

Ouy, je connois par là que vous estes coupable
De l'infidélité la plus inexcusable
Qui jamais d'un amant puisse outrager la foy.

SGANARELLE *à part :*

Que n'ay-je un peu de cœur ?

CÉLIE

Ah, cesse devant moy,
Traistre, de ce discours l'insolence cruelle.

SGANARELLE

Sganarelle, tu vois qu'elle prend ta querelle.
Courage, mon enfant, sois un peu vigoureux ;
Là, hardy, tasche à faire un effort généreux
En le tuant, tandis qu'il tourne le derrière.

LÉLIE, *faisant deux ou trois pas sans dessein, fait retourner Sganarelle qui s'approchoit pour le tuer :*

Puisqu'un pareil discours esmeut vostre colère,
Je dois de vostre cœur me montrer satisfait,
Et l'applaudir icy du beau choix qu'il a fait.

CÉLIE

Ouy, ouy, mon choix est tel qu'on n'y peut rien reprendre.

LÉLIE

Allez, vous faites bien de le vouloir deffendre.

SGANARELLE

Sans doute; elle a fait bien de deffendre mes droits.
Cette action, Monsieur, n'est point selon les Loix ;
J'ay raison de m'en plaindre, et, si je n'estois sage,
On verroit arriver un estrange carnage.

CÉLIE

D'où vous naist cette plainte ? Et quel chagrin brutal.....

SGANARELLE

Suffit. Vous sçavez bien où le bois me fait mal,
Mais vostre conscience et le soin de vostre âme
Vous devroient mettre aux yeux que ma Femme est ma Femme,
Et vouloir à ma barbe en faire votre bien
Que ce n'est pas du tout agir en bon Chrestien.

LÉLIE

Un semblable soubçon est bas et ridicule.
Allez, dessus ce point n'ayez aucun scrupule,
Je sçay qu'elle est à vous, et bien loin de brûler...

CÉLIE

Ah, qu'icy tu sçais bien, traistre, dissimuler.

LÉLIE

Quoy! Me soubçonnez-vous d'avoir une pensée
De qui son âme ait lieu de se croire offencée?
De cette lascheté voulez-vous me noircir?

CÉLIE

Parle, parle à luy-mesme! Il pourra t'esclaircir.

SGANARELLE *à Célie.*

Vous me deffendez mieux que je n'aurois [sçeu] faire,
Et du biais qu'il faut vous prenez cette affaire.

SCÈNE XXII

CÉLIE, LÉLIE, SGANARELLE, SA FEMME, LA SUIVANTE

Dans la quatriesme Scène de cette Pièce, la Femme de Sganarelle, qui avoit pris de la jalousie en voyant Célie entre les bras de son Mary, vient pour luy faire des reproches, ce qui fait voir la merveilleuse conduite de cet ouvrage. Jugez de la beauté qu'un agréable mal entendu produit dans cette Scène. Sganarelle croit que sa Femme vient pour deffendre son galand; sa Femme croit qu'il aime Célie; Célie croit qu'elle vient ingénument se plaindre, à cause qu'elle est avec Lélie, et luy en fait des reproches, et Lélie enfin ne sçait ce qu'on luy vient conter et croit tousjours que Célie a espousé Sganarelle. Quoy que cette Scène donne un plaisir incroyable à l'auditeur, elle ne peut pas durer plus long temps sans trop de confusion, et je gage que vous souhaittez desjà de voir comment toutes ces personnes sortiront de l'embarras où ils se rencontrent; mais je vous donnerois bien à deviner, en quatre coups, sans que vous en pussiez venir à bout. Peut-estre vous persuadez-vous qu'il va venir quelqu'un qui, sans y penser luy mesme, les tirera de leur erreur. Peut-estre croyez vous aussi qu'à force de s'animer les uns contre les autres, quelqu'un, venant à se justifier, leur fera voir à tous qu'ils s'abusent. Mais ce n'est point tout cela, et l'Autheur s'est servy d'un moyen dont personne ne s'est jamais advisé et que vous pourrez sçavoir si vous lisez les vers de cette Scène :

LA FEMME DE SGANARELLE *à Célie :*

Je ne suis pas d'humeur à vouloir contre vous
Faire esclater, Madame, un esprit trop jaloux,
Mais je ne suis pas duppe, et voy ce qui se passe.
Il est de certains feux de fort mauvaise grâce,
Et vostre âme devroit prendre un meilleur employ
Que de séduire un cœur qui doit n'estre qu'à moy.

CÉLIE
La déclaration est assez ingénue.

SGANARELLE *à sa Femme:*
L'on ne demandoit pas, carogne, ta venue.
Tu la viens quereller lors qu'elle me deffend,
Et tu tremble de peur qu'on t'oste ton galand.

CÉLIE
Allez, ne croyez pas que l'on en ait envie.
Se tournant vers Lélie:
Tu vois si c'est mensonge, et j'en suis fort ravie.

LÉLIE
Que me veut-on conter?

LA SUIVANTE
                Ma foy, je ne sçay pas
Quand on verra finir ce galimatias;
Desjà depuis long-temps je tasche à le comprendre,
Et si, plus je l'escoute, et moins je puis l'entendre.
Je vois bien à la fin que je m'en dois mesler.
Allant se mettre entre Lélie et sa Maistresse:
Respondez-moy par ordre, et me laissez parler.
A Lélie:
Vous, qu'est-ce qu'à son cœur peut reprocher le vostre?

LÉLIE
Que l'infidelle a pu me quitter pour [un] autre;

Que, lors que sur le bruit de son himen fatal
J'accours, tout transporté d'un amour sans égal
Dont l'ardeur résistoit à se croire oubliée,
Mon abord en ces lieux la trouve mariée.

LA SUIVANTE

Mariée! A qui donc?

LÉLIE *monstrant Sganarelle :*

A luy.

LA SUIVANTE

Comment! A luy?

LÉLIE

Ouy-da.

LA SUIVANTE

Qui vous l'a dit?

LÉLIE

C'est luy-mesme aujourd'huy.

LA SUIVANTE *à Sganarelle :*

Est-il vray?

SGANARELLE

Moy? J'ay dit que c'estoit à ma Femme
Que j'estois marié.

LÉLIE

Dans un grand trouble d'âme,
Tantost de mon portraict je vous ay veu saisi.

SGANARELLE

Il est vray; le voilà.

LÉLIE

Vous m'avez dit aussi
Que celle aux mains de qui vous avez pris ce gage
Estoit liée à vous des nœuds du mariage.

SGANARELLE *monstrant sa Femme :*

Sans doute, et je l'avois de ses mains arraché,
Et n'eusse pas sans luy descouvert son péché.

LA FEMME DE SGANARELLE

Que me viens-tu conter par ta plainte importune ?
Je l'avois sous mes pieds rencontré par fortune,
Et mesme, quand, après ton injuste courroux,
Monstrant Lélie :
J'ay fait dans sa foiblesse entrer Monsieur chez nous,
Je n'ay pas reconnu les traits de sa peinture.

CÉLIE

C'est moy qui du portraict ay causé l'avanture,
Et je l'ay laissé choir en cette pamoison,
A Sganarelle :
Qui m'a fait par vos soins remettre à la maison.

LA SUIVANTE

Vous voyez que sans moy vous y seriez encore,
Et vous aviez besoin de mon peu d'élébore.

SGANARELLE

Prendrons-nous tout cecy pour de l'argent content ?
Mon front l'a, sur mon âme, eu bien chaude pourtant.

SA FEMME

Ma crainte toutefois n'est pas trop dissipée,
Et, doux que soit le mal, je crains d'estre trompée.

SGANARELLE

Hé, mutuellement croyons-nous gens de bien.
Je risque plus du mien que tu ne fais du tien ;
Accepte sans façon le marché qu'on propose.

SA FEMME

Soit. Mais gare le bois si j'apprends quelque chose.

CÉLIE à *Lélie, après avoir parlé bas ensemble* :

Ah, Dieux, s'il est ainsi, qu'est-ce donc que j'ay fait ?
Je dois de mon couroux appréhender l'effect.
Ouy, vous croyant sans foy, j'ai pris pour ma vengeance
Le malheureux secours de mon obéissance,
Et depuis un moment mon cœur vient d'accepter
Un himen que tousjours j'eus lieu de rebuter.
J'ay promis à mon Père, et ce qui me désole...
Mais je le vois venir.

LÉLIE

Il me tiendra parole.

SCÈNE XXIII

CÉLIE, LÉLIE, GORGIBUS, SGANARELLE, SA FEMME, LA SUIVANTE

Lélie, dans cette Scène, demande l'effect de sa parole à Gorgibus; Gorgibus luy refuse sa Fille, et Célie ne se résout qu'à peine d'obéir à son Père, comme vous pouvez voir en lisant :

LÉLIE

Monsieur, vous me voyez en ces lieux de retour
Bruslant des mesmes feux, et mon ardente amour
Verra, comme je croy, la promesse accomplie
Qui me donna l'espoir de l'himen de Célie.

GORGIBUS

Monsieur, que je revois en ces lieux de retour,
Bruslant des mesmes feux, et dont l'ardente amour
Verra, que vous croyez, la promesse accomplie
Qui vous donne l'espoir de l'himen de Célie,
Très humble Serviteur à vostre Seigneurie.

LÉLIE

Quoy, Monsieur, est-ce ainsi qu'on trahit mon espoir?

GORGIBUS

Ouy, Monsieur, c'est ainsi que je fais mon devoir;
Ma Fille en suit les loix.

CÉLIE
>Mon devoir m'intéresse,
Mon Père, à desgager vers luy vostre promesse.

GORGIBUS
Est-ce répondre en Fille à mes commandemens ?
Tu te démens bien-tost de tes bons sentimens.
Pour Valère tantost... Mais j'apperçois son Père ;
Il vient assurément pour conclure l'affaire.

SCÈNE DERNIÈRE

CÉLIE, LÉLIE, GORGIBUS, SGANARELLE, SA FEMME, VILLEBREQUIN, LA SUIVANTE

> La joye, que Célie avoit eue en apprenant que son Amant ne luy estoit pas infidèle eust esté de courte durée, si le Père de Valère ne fût pas venu à temps pour les retirer tous deux de peine. Vous pourrez voir, dans le reste des vers de cette Pièce, que voicy le subjet qui le fait venir :

GORGIBUS
Qui vous ameine icy, Seigneur Villebrequin ?

VILLEBREQUIN
Un secret important que j'ay sçeu ce matin,
Qui rompt absolument ma parole donnée.
Mon Fils, dont vostre Fille acceptoit l'himénée,
Sous des liens cachés trompans les yeux de tous,
Vit depuis quatre mois avec Lise en espoux ;

Et, comme des parents le bien et la naissance
M'ostent tout le pouvoir d'en casser l'alliance,
Je vous viens...

GORGIBUS

Brisons là. Si, sans vostre congé,
Valère vostre Fils ailleurs s'est engagé,
Je ne vous puis céler que ma Fille Célie
Dès long-temps par moy-mesme est promise à Lélie
Et que riche en vertus, son retour aujourd'huy
M'empesche d'agréer un autre espoux que luy.

VILLEBREQUIN

Un tel choix me plaist fort.

LÉLIE

Et cette juste envie
D'un bon-heur éternel va couronner ma vie.

GORGIBUS

Allons choisir le jour pour se donner la foy.

SGANARELLE

A-t-on mieux cru jamais estre cocu que moy !
Vous voyez qu'en ce faict la plus forte apparence
Peut jetter dans l'esprit une fausse créance.
De cet exemple-cy ressouvenez-vous bien,
Et, quand vous verriez tout, ne croyez jamais rien.

Sans mentir, Monsieur, vous me devez estre bien obligé de tant de belles choses que je vous envoye, et tous les melons de vostre jardin ne sont pas suffisans pour me payer de la peine d'avoir retenu, pour l'amour de vous, toute cette Piéce par cœur. Mais j'oubliois de vous dire une chose à l'avantage de son Autheur, qui est que, comme je n'ay eu cette Piéce que je vous envoye [que] par un effort de mémoire, il peut s'y estre coulé quantité de mots les uns pour les autres, bien qu'ils signifient la mesme chose, et, comme ceux de l'Autheur peuvent estre plus significatifs, je vous prie de m'imputer toutes les fautes de cette nature que vous y trouverez, et je vous conjure, avec tous les Curieux de France, de venir voir représenter cette Piéce comme un des plus beaux Ouvrages et un des mieux jouez qui ait jamais paru sur la Scène.

Extraict du Privilège du Roy.

Par Grâce et Privilège du Roy, donné à Paris le 26 Juillet 1660, signé : « Par le Roy en son conseil, LABORY, *il est permis au Sieur* DE NEUF-VILLENAINE, *de faire imprimer, par tel Imprimeur et Libraire qu'il voudra, une Comédie intitulée* Sganarelle ou le Cocu imaginaire, *avec les Argumens sur chaque Scène, pendant l'espace de cinq ans, et deffenses sont faites à tous autres de l'imprimer ny vendre d'autre édition que celle de l'Exposant, à peine de quinze cens livres d'amende, de tous despens, dommages et intérests, comme il est porté plus amplement par les dites Lettres.*

Et ledit Sieur DE NEUF-VILLENAINE *a cédé son droict de Privilège à* JEAN RIBOU, *marchand à Paris, pour en jouyr suivant l'accord fait entr'eux.*

Enregistré sur le Livre de la Communauté, suivant l'Arrest de la Cour :

Signé : JOST, Syndic.

Achevé d'imprimer le 12 Aoust 1660.

Les exemplaires ont esté fournis.

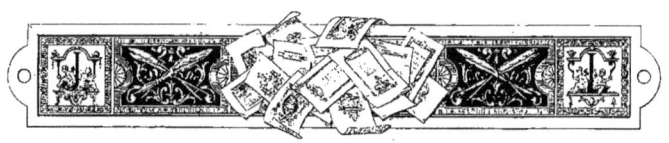

SGANARELLE

EXPLICATION DES PLANCHES

Notice. — En-tête. Rinceaux; au milieu, tête d'enfant, chargée de deux cornes et les yeux couverts d'un bandeau.

— Lettre E. Sganarelle, regardant le portrait de Lélie qu'il vient d'arracher à sa Femme: *Le voilà, le beau fils, le mignon de couchette.* (Scène VI, vers 185).

— Cul de lampe ornemental. Deux branches de laurier, d'où s'élèvent deux cornes d'abondance, chargées de fruits.

Faux-Titre. — Lambrequin, sur lequel le titre de la Pièce. Il est timbré d'une tête de satyre cornu; au milieu du bas du lambrequin, le médaillon du portrait de Lélie, suspendu par des rubans et porté sur une console sur laquelle s'appuient deux cornes d'abondance avec des branches, chargées de pampres et de grappes.

La grande composition. — La Femme de Sganarelle, se croyant seule, regarde, en marchant, le médaillon de Lélie, qu'elle vient de ramasser à terre; Sganarelle, qui s'avance avec inquiétude et précaution, arrive derrière elle et, en apercevant le médaillon par dessus son épaule, semble déjà vouloir le lui arracher :

> . . . . *O ciel, c'est miniature,*
> *Et voilà d'un bel homme une vive peinture.*
> — *Que considère-t-elle avec attention ?*
> *Ce portrait, mon Honneur, ne me dit rien de bon;*
> *D'un fort vilain soubçon je me sens l'âme émue.*
>
> (Scène VI, v. 145-9).

CADRE DU TITRE. — Au milieu du haut un cadre, avec une vue du Petit-Bourbon, prise du côté de la Seine. Au bas des montants, un satyre à pied de chèvre dont la tête cornue porte la montée de l'ornement; au milieu, à droite, dans un cadre en hauteur, la Femme de Sganarelle, flairant la boîte du médaillon de Lélie, qu'elle vient de trouver et de regarder : . . . . . *Hon! que cela sent bon!* (Scène VI, v. 152), et à gauche, dans un cadre semblable, Sganarelle, observant sa Femme dans la contemplation du portrait de Lélie : *Quoy ? peste, le baiser!* — *Ah, j'en tiens* (Même scène, vers 152-3). Dans le haut des montants, deux cornes supportent un plateau sur lequel, sous un pavillon, un flambeau allumé; des mouches volètent autour de la flamme.

Au centre l'armoirie de Molière surmontée d'une banderole piquée sur une flèche; sur la banderole le nom de Molière, qui ne se trouve pas sur le titre de la première édition, publiée en dehors de lui par M. de Neufvillaine et par Ribou.

LETTRE A MONSIEUR DE MOLIER. — En-tête. Masque, de la bouche duquel sortent deux branches de laurier.

— Lettre A. Un petit Génie nu, montrant la page du titre d'un exemplaire de *Sganarelle,* surmonté de deux plumes à écrire.

— Fleuron. La tête de Molière, encore jeune, en médaillon. Le manche, sur lequel il est porté, s'évase en rinceaux, terminés par deux têtes de vieux Satyres barbus, qui soutiennent un couronnement. Au centre de celui-ci un masque de comédie, tenant dans ses lèvres l'anneau du cadre ovale du portrait; aux extrémités sont suspendus des exemplaires des *Précieuses* et de *Sganarelle*.

Épitre a un ami. — En-tête. Un panier, duquel sortent deux branches de laurier, au milieu desquelles deux grandes plumes à écrire.

— Lettre V. Monsieur de Neufvillaine, vu de face, assis à sa table et écrivant à un ami sa Lettre sur le *Sganarelle* de Molière.

— Fleuron ornemental, composé de deux cornes d'abondance, couronnées de flammes.

Cadre des personnages. — Au milieu des deux montants, une tête de Satyre à cornes de bœuf. Au bas, les armes de la Ville de Paris, sur lesquelles est appuyé Sganarelle, qui pense à ses malheurs. Dans le fond, vue du Pont-Neuf et de la Cité.

Sganarelle, ou le Cocu imaginaire. — En-tête. A droite et à gauche, deux enfants nus montrent en riant le titre de la Pièce; ils sont assis sur deux vases, d'où sortent deux branches de pommier, chargées de fruits, qui couronnent le titre et sont séparées, au milieu du haut, par une tête de cerf à longues cornes.

— Lettre A. Sous une arcade ornementale, un petit Amour regarde Célie, montrant à sa Suivante le médaillon de Lélie : *Vois attentivement les traits de ce visage;* — *Ils jurent à mon cœur d'éternelles ardeurs* (Scène II, v. 98-9).

— Cul de lampe. Une console, sur laquelle, entre deux flambeaux, sont assis deux couples de petits enfants, causant tendrement, et d'où naît un cadre de rinceaux, accompagnés de roseaux babillards, de la famille de ceux du roi Midas. Au centre, Sganarelle, le bonnet à la main, s'avance vers le public, en lui disant le vers final : *Et quand vous verriez tout, ne croyez jamais rien* (Scène XXIV, v. 657). En haut, entre deux cornes, la torche enflammée de l'Hymen, et deux médaillons de galants, accompagnés de branches de houx.

Achevé d'imprimer a Évreux
Par Charles Hérissey
Le Dix Aout Mil huit cent quatre-vingt-trois

Pour le compte de Jules Lemonnyer
Éditeur a Paris